43の困りごとを解決！

発達障害の人が「働きやすさ」を手に入れる本

土野 陵
こねくと代表

監修 益田裕介
早稲田メンタルクリニック院長

フォレスト出版

はじめに

「職場での人間関係がうまくいかず、仕事が長続きしません……」
「仕事でミスが多く、上司に怒られてばかりでつらいです……」
「自分に向いている仕事がわかりません。就職活動はどうすればよいでしょうか……」

私が就労移行支援という発達障害と精神障害の方の支援に特化した就労支援施設を開業してから、このような相談をたくさん聞いてきました。細かい理由は人それぞれですが、共通していえるのは、〝安定して働く〟ということに課題を持たれているということです。今この本を手に取ってくれているあなたも同じ悩みを抱えられているかもしれません。私は、そのような悩みを持つ多くの方たちの課題を解決し、安定して仕事ができる会社にマッチングする支援をしてきました。

支援をしていて感じたことは、皆さん十分に社会で活躍するだけの力を持っているということです。ですが、その一方であまりにも自分のことを知らなさすぎるとも感じました。自分にはどのような障害特性があり、何が得意で何が苦手なのか。働きやすい環境を整えるためには、どのような方法があり、周りにどのようなサポートをお願いすればよいのか。ほとんどの方が言語化できていませんでした。

発達障害は身体障害や知的障害と違い、周りの人がどのようなサポートをすればよいのかがわかりにくい障害です。適切なサポートをするためには、それなりの知識と経験が必要でしょう。発達障害という言葉が社会にかなり浸透したとはいえ、まだ会社の管理職の方で、十分な知識と経験のある方は少ないと思います。

つまり、本人も自分のことを理解できていないうえに、一緒に働く周りの人も理解できていないのです。これでは、うまくいくはずがありません。ですから、われわれ支援者の役割は、本人と会社がお互いに理解し合い、仕事ができる準備をすることになります。

本書では、私がこれまでの支援でつちかった、発達障害の方が安定して働きつづけられるために必要だと感じてきたことをあますことなく記しました。具体的には、以下の内容を盛り込みました。

❶発達障害を持つ人の43の障害特性と困りごと

❷発達障害の人に向いている仕事と向いていない仕事
❸仕事の「困った」を解決するノウハウ
❺会社にお願いするべきサポート
❻発達障害の人が自分に合った会社を見つける方法
❼発達障害の人が利用すべき支援システム

もし、「今の働きづらい環境をどうにかできないかな……」「自分に合った会社に転職したいな……」などと感じているなら、本書で紹介した解決のヒントをお試しください。すでに発達障害と診断されている人、診断を受けようか迷っている人、グレーゾーンの人など、発達障害の傾向があって困っている方はもちろん、一緒に仕事をしている上司や同僚の方にも読んでいただきたい1冊です。

発達障害の方を支援する一従事者として、少しでも発達障害の方にとって働きやすい世の中になればとユーチューブで情報発信をしていたところ、今回書籍化することができました。

この本を手に取ってくれているあなた、そしてすべての発達障害の方が生き生きと働けることを願い、陰ながら応援しています。

監修者より

益田裕介（早稲田メンタルクリニック院長）

発達障害の診断を受けて、薬をもらったり福祉の支援を受ければ、すべてがうまくいく……みたいなことはありません。

そもそも発達障害の方はどういう日常のサイクルを送ることになるのでしょう。

診断も含め、個人個人の長所や短所、得意や苦手などの評価を受けたあと、それを自分の中に落とし込み、生活の中に活かす。生活の中で、トライアンドエラーを繰り返しながら、治療者や支援者、家族や友人など、ほかの多くの人からフィードバックを受ける。そのフィードバックを自分の中に落とし込み、生活の中に活かす。治療とは、この繰り返しにほかなりません。

トライアンドエラーを繰り返す最中、内省する時間があったり、書籍やユーチューブなどを通じて、自分の障害に関する知識を得たり、同じ当事者と語り合うことで学びやつながりを得たりなど、さまざまなことを体験すると思います。その中で、自分なりの正解を出し、またフィードバックを受ける。こうしたサイクルを体験します。

この繰り返しは、うまくいくことばかりではなく、失敗することもあります（むしろ失敗のほうが多いでしょう）。とてもフラストレーションが溜まるものだと思います。

自分や家族、周りの人間に怒りの矛先が向いたり、不安や悲しみに支配されたり、焦ったり、疲れて無気力になってしまったり……そのようなイヤな感情に苦しめられることもあるでしょう。

ですから、時には感情から逃げてもかまいませんし、休んでもよいのです。

しかし、どこかのタイミングで、自分なりに1つ1つの感情を乗り越えていかなくてはいけません。

フラストレーションを味わうことは、台風が過ぎ去るのを待つようなものではなく、山を1つ1つ乗り越えていくようなイメージを持って、取り組むとよいでしょう。受け身ではなく、感情1つ1つを乗り越えていくイメージを持つことができれば、それは成功体験として脳が記憶し、自分自身の成長につながるものになるでしょう。

障害があるということは、普通の人が味わう必要のない感情を味わうことでもあり、必要のない人にとっては必要のない努力であるともいえます。「それは理不尽じゃないか」と感じることは何度もあると思います。ただ、それを乗り越えてきた人はやはり、普通の人にはない優しさや仁徳が芽生えるものであり、僕自身も尊敬する患者さんを多数知っていますので、がんばりすぎない程度にがんばってもらえればと思います。

さて、ここで少し視点を変えて、発達障害の人が持つ独自性について考えてみます。発達障害の人は、定型発達者（普通の人）にはない視点や、着想、考え方があり、それ自体が希少で、価値があります。人間社会においては、こうした独特なアイデアや意見が必要です。

また、社会との摩擦の中で、苦難を感じてきたことや、それを乗り越えてきた強さにも価値があるでしょう。それらは生まれ持った希少性ではなく、あなた自身が自分の力で獲得してきたものであり、価値のあるものです。もちろん、こちらも社会にとっては必要なものです。

なので、あまり悲観的になりすぎることなく、あなたも自分の短所とはほどほどに向き合い、自分の長所や強みに目を向け、幸せに生きていってもらいたいと思います。

このような希少性や多様性に価値を見出そうという考え方や運動を、「ニューロダイバーシティ」と呼びます。今後、ＡＩやロボットが活躍するようになると、何か問題を解決したり、業務を遂行するよりも、新しい視点や問題を見つけてくることに価値が見出されるようになるかもしれません。その際、ニューロダイバーシティという概念は人類に必要な思想になるでしょう。ニューロダイバーシティは新しい概念ですが、とても面白い思想なので、興味があったら調べてみてください。

CONTENTS

第3章 「仕事の困った」はこう解決する② 対人関係&コミュニケーション編

第4章　「仕事の困った」はこう解決する③　仕事の準備&心がまえ編

第5章 自分にぴったりの会社を見つける方法

第6章 「もしかして自分は発達障害？グレーゾーン？」と思ったらやること

第7章 インタビュー 就労移行支援を受けて就職した人たち

ブックデザイン bookwall
カバーイラスト こにし真樹子
本文イラスト こにし真樹子、津久井直美
本文DTP制作 津久井直美
編集&プロデュース 貝瀬裕一（MXエンジニアリング）

序章

大人の発達障害

発達障害とは？

発達障害とは？

発達障害は、生まれつき脳機能の発達に偏りが見られる障害です。定型発達の人と比べ、得意・不得意の差が大きい、物事の捉え方や考え方が異なるなど、社会適応が難しく、生きづらさを感じやすいのです。

発達障害は、次の３つの種類に大別され、それぞれ特性が異なります。１つの特性だけが現れるとは限らず、複数の特性が見られる場合もあります。

- 自閉スペクトラム症（ASD）
- 注意欠如・多動症（ADHD）
- 限局性学習症（SLD）

大人の発達障害とは？

大人の発達障害は、成人してから発達障害と診断されるケースです。発達障害は生まれつきの障害なので、特性自体は子どもの頃からあったはずです。ただ子ども時代は生活や学業に支障がなく、気づかないことが多いのです。しかし、社会人になり業務やコミュニケーションが複雑化したときに初めて周りとの齟齬《そご》に気づき、発達障害を疑い、受診する場合が多いです。

発達障害は治せない？

残念ながら、今のところ発達障害は根本的には治せません。しかし、改善策がないわけではありません。

ＡＤＨＤの症状を緩和させる薬が処方されています。そのほかにも、自分の特性を正しく理解し、環境調整を行なったり、認知行動療法やＳＳＴ（ソーシャルスキルトレーニング）を行なうことで、社会適応をはかったり、生きづらさを解消することは十分可能です。

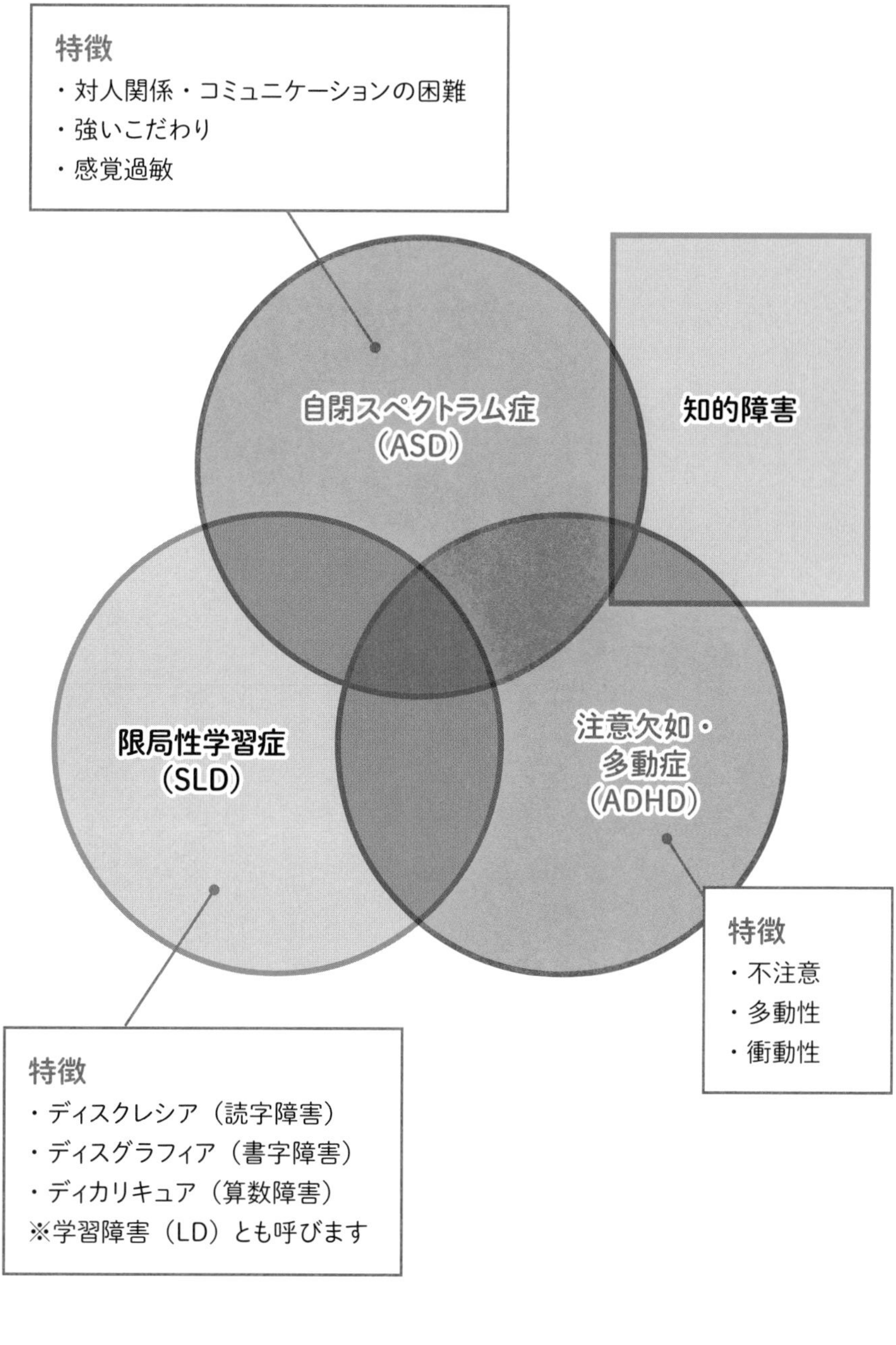
特徴
・対人関係・コミュニケーションの困難
・強いこだわり
・感覚過敏
自閉スペクトラム症
（ASD）
知的障害
限局性学習症
（SLD）
注意欠如・
多動症
（ADHD）
特徴
・不注意
・多動性
・衝動性
特徴
・ディスクレシア（読字障害）
・ディスグラフィア（書字障害）
・ディカリキュア（算数障害）
※学習障害（LD）とも呼びます

自閉スペクトラム症（ＡＳＤ）

ＡＳＤの特徴

ＡＳＤの障害特性は３つに分けられます。

❶対人関係やコミュニケーションの困難

対人関係を築いたり、円滑にコミュニケーションをとるために必要なスキルを身に付けたりすることが困難です。具体的には、次のような特徴があります。

・その場の空気や他人の気持ちが読めない
・暗黙の了解がわからない
・社会的なマナーが身に付かない

❷強いこだわり

自分が想定していない変化が起こると、どう対応すべきかわからず、不安なので、変化しないことにこだわります（同一性の保持）。結果、同じ行動を好んだり、１つの考えに固執します。次のような特徴があります。

・興味の対象が限定的
・ルールや生活パターンにこだわる
・臨機応変な対応ができず、急な予定変更に混乱する
・完璧主義

❸感覚過敏

聴覚、視覚、嗅覚、味覚、触覚などの感覚が非常に過敏な場合があります。たとえば、蛍光灯の光を異常にまぶしく感じるなど日常生活に支障をきたします。

以前は複数の診断名があった

以前は「アスペルガー症候群」や「自閉症」という診断名で、知的障害の有無などで区別されましたが、今では本質的には同じ特性と考えられています。最近では「症状が軽いものから重いものまで連続している」意味で「自閉スペクトラム症」に統一されました。

ASDの特徴
対人関係やコミュニケーションの困難
シラー…
アレ？
適当？
いつも通り？
？？？
なんで怒ってる？
？
空気が読めない
抽象的な表現が苦手
社会的なマナーがわからない
強いこだわり
GAME
興味が限定的
マイルールに固執
臨機応変な対応が苦手
感覚過敏
聴覚過敏
視覚過敏
嗅覚過敏
味覚過敏

注意欠如・多動症（ＡＤＨＤ）

ＡＤＨＤの特徴

ＡＤＨＤの特徴は主に「不注意」「多動性・衝動性」の２つに分けられます。

❶不注意

具体的には、次のような特徴があります。

・気が散りやすく集中できない
・忘れっぽい、ケアレスミスが多い
・片づけ、物事の順序立てが苦手
・スケジュール管理が苦手

❷多動性・衝動性

具体的には、次のような特徴があります。

・じっとしていられない
・順番が待てない
・思いつきで行動する
・カッとなりやすい
・相手の話をさえぎる

ＡＤＨＤの特徴の個人差

不注意の特性が強く現れる人を「不注意優勢型」、多動性・衝動性の特徴が強く現れる人を「多動性・衝動性優勢型」、両方の特性を同程度持つ人を「混合型」と分類します。混合型が最も多いといわれます。また、性別差もあります。不注意優勢型は女性に多く、多動性・衝動性優勢型は男性に多い傾向にあります。

多動性の特徴は、大人になるにつれて、目立たなくなることが多いです。たとえば、子どもの頃、授業中にウロウロしていた人が、大人になってから落ち着くなど。このように、ひとくちにＡＤＨＤといっても、特徴の現れ方には個人差があります。

ADHDの特徴

不注意

集中が続かない

忘れっぽい

ミスが多い

片づけが苦手

順序立てが苦手

スケジュール管理が苦手

多動性・衝動性

思いつきで行動する

感情コントロールが苦手

相手の会話をさえぎる

発達障害の二次障害

発達障害の二次障害とは？

二次障害とは、発達障害の特性があることで社会適応ができないなどによる強いストレスが原因となって、精神疾患を発症するなどの二次的な問題のことです。よく見られる精神疾患には次のようなものがあります。

・うつ病
・適応障害
・不安障害（パニック障害・強迫性障害など）
・依存症

二次障害はなぜ起こるのか？

大人の発達障害の人が二次障害を発症する原因の1つが仕事です。「ミスをする→怒られる→落ち込む→（ミスをする根本原因は解決されていないので）同じミスをする……」を繰り返すうちに、心が疲弊し、うつ病などを発症してしまうことがよくあります。

二次障害を起こさないために

仕事が原因の二次障害を起こさないためには、この悪循環が起こらない環境を作る必要があります。

働きやすい環境を作るために、自分の障害を上司や同僚に打ち明けて、配慮（サポート）をもらうことも1つの方法です。本書も「発達障害の人が働きやすい環境を手に入れてもらうためのノウハウを伝えること」が目的です。気持ちが充実していてこその仕事です。一生懸命がんばることは、素晴らしいことですが、無理をしてガマンしているのであれば、働きやすい環境を手に入れるための工夫もあきらめずに取り組んでもらいたいと思います。

発達障害の人のよくある二次障害

うつ病

症状
・気分の落ち込み
・興味・喜びの喪失
・体重・食欲の増減
・不眠・過眠
・疲労感
・自責心　など

適応障害も症状は、うつ病によく似ています。適応障害は環境の変化などストレス起因が明確で、ストレスをとりのぞくことで症状が改善します。

パニック障害

症状
・パニック発作
（不安からくる突然の発作）
・予期不安
（発作が起こるのではないかという不安）
・広場恐怖
（電車に乗れないなど不安からの回避行動）

依存症

症状
・アルコール依存
・ギャンブル依存
・薬物依存
など

第1章

発達障害の人は
どんな仕事が
向いているの?

仕事選びの大原則

仕事選びの大原則

向いている仕事を見つけることも重要ですが、それ以上に向いていない仕事を避けることが重要です。発達障害の人に共通して当てはまりやすい「向いていない仕事」の特徴について解説します。

・臨機応変な対応が求められる仕事（ASD／ADHD）

マニュアルなどで明確化しづらい仕事や、柔軟な対応を必要とする仕事を苦手としている人が多いです。お客様の依頼に対し、受け身で対応する職種は、向いていません。

(例)・オペレーター　・接客　・販売

・マルチタスクな仕事（ASD／ADHD）

短時間で複数の作業をこなす必要がある仕事が苦手です。小さなお店や会社にありがちな「なんでも屋」のような働き方は、向いていません。

(例)・総務　・ワンオペの飲食店やコンビニ

・興味のない仕事（ASD／ADHD）

興味のない仕事をこなすことに苦痛を感じ、集中できない人が多いです。興味の有無は、人それぞれなので一概には言えませんが、特にADHDの人は、単純作業で集中力を維持するのが苦手な人が多いです。

・コミュニケーションの多い仕事（ASD）

コミュニケーションが苦手なASDの人は、相手のニーズを読み取って対応する職種は向いていません。

(例)・営業　・介護　・美容師

・正確性が求められる仕事（ADHD）

ミスの多いADHDの人は、正確性が重要視されるミスの許されない職種は、向いていません。

(例)・経理　・秘書　・医療関係

発達障害の人が苦手な仕事
臨機応変な対応が求められる仕事
オペレーター
接客業
販売員
マルチタスクな仕事
総務
ワンオペ
興味のない仕事
単純作業
コミュニケーションの多い仕事
営業
介護
美容師
正確性が求められる仕事
経理
秘書
医療関係

発達障害の特性を活かせる仕事
ＡＳＤ編

ＡＳＤの強み

ＡＳＤの特性にこだわりの強さ（同一性保持）があります。臨機応変な対応が苦手など、デメリットもありますが、特性がうまくハマると強みになります。

・ルーティンワークが苦ではない

飽きずに同じことを続けられるので、ルーティンワークができます。一般的にルーティンワークを苦手とする人のほうが多いので、強みになります。

・手順やルールを順守できる

一度覚えてしまえば、ルールを順守して作業に取り組めます。また、真面目な性格の人が多く、手抜きをせず、作業にはげみます。

・興味あることには、高い集中力を発揮

興味のある分野について、徹底的に研究したり、記憶したりできるので、とても博識の人もいます。その分野において、他人よりも圧倒的な知識があるので、それを仕事に活かせる可能性があります。

・物事を論理的に考えることが得意

全員ではありませんが、ＩＱが高く、論理的な思考が得意な人もいます。論理的思考力が求められる職種で、高いパフォーマンスを発揮する可能性があります。

・文字や視覚的な情報の処理が得意

話す／聞くが求められる仕事よりも、文字を扱ったり、図や写真を扱う仕事を得意とする人が多いです。

ＡＳＤの強みを活かせる仕事

次のような職種がＡＳＤの特性とマッチしています。

・プログラマー　・エンジニア　・ＣＡＤオペレーター　・ライン作業　・校閲、校正　・研究職

ASDの強みを活かせる仕事

プログラマー、エンジニア

プログラマー、エンジニアのいいところ

・コミュニケーションが少なく黙々と作業できる
・論理的思考力を活かせる
・興味を持って追求できるとプロフェッショナルになれる

ライン作業

ライン作業のいいところ

・ルーティンワークだから臨機応変な対応が不要
・手順が明確である
・コミュニケーションも比較的少ない

校閲・校正者

校閲・校正のいいところ

・文字や視覚情報を処理する仕事
・コミュニケーションが少なく黙々と作業できる

校閲・校正って？
文章の誤字脱字や表現が適切かをチェックする

発達障害の特性を活かせる仕事 ＡＤＨＤ編

☑ ＡＤＨＤの強み

ＡＤＨＤの多動性、衝動性といった特性も仕事で強みになります。

・アイデアが豊富

発想力が豊かで、独創性が必要な仕事や企画力が求められる仕事に向いています。誰も思いつかないような斬新なアイデアを生み出す可能性があります。

・行動力がある

「思い立ったら即行動」というタイプの人が多く、行動力が必要な職種で力を発揮する可能性があります。また、決断力があり、素早く物事を判断できるので、チャンスを逃さず、成果を上げられます。

・興味のあることには、高い集中力を発揮

ＡＳＤ同様、自分の興味のあることには高い集中力を発揮し、作業のパフォーマンスが上がります。

・社交性が高い

社交的で人当たりの良い人が多いです。初対面の人でも人見知りをせず、明るく振る舞えます。人間関係を持続するのが苦手な人も多いですが、営業職など素早い人間関係の構築が必要な職種は向いています。

・好奇心が強い

いろいろなことに興味を持ち、積極的にチャレンジできる人が多いです。

☑ ＡＤＨＤの強みを活かせる仕事

以下のような職種が特性とマッチしています。

・ジャーナリスト　・カメラマン　・企画
・料理人　・デザイナー　・イラストレーター
・アニメーター　・営業

ADHDの強みを活かせる仕事

ジャーナリスト、
カメラマン

ジャーナリスト、カメラマンのいいところ

・常に新しい場所や人に出会えるので飽きにくく、行動力が活かせる
・自分の興味を活かしやすい（スポーツ好きならスポーツ記者など）
・取材などで社交性の高さが活かせる

イラストレーター、
デザイナー
（グラフィック、
ファッションなど）

イラストレーター、デザイナーのいいところ

・発想力、想像力などアイデアの豊富さが活かせる
・自分の興味に一致すると高い集中力を発揮できる
・次々と新しい案件に変わるので飽きにくい

営業

営業のいいところ

・行動力を活かせる
・社交性の高さが活かせる
・商談、移動、デスクワークなどメリハリがあり飽きにくい

取得すると有利な資格

ASDの人におすすめの資格

・簿記

簿記は企業の営業活動におけるお金の出入りを記録するスキルです。経理などの職種で重宝されます。

・基本情報処理技術者

基本情報処理技術者は、プログラミングや情報処理の基本知識の習得を証明する資格。プログラマーやエンジニアなどになりたい人におすすめです。

・CAD利用技術者試験

CADに関する知識やスキルを評価するための試験です。試験は、3次元CAD、2次元CADに分かれます。CADオペレーターとして働きたい人、スキルアップしたい人におすすめです。

ADHDの人におすすめの資格

・イラストレータークリエイター能力認定試験

イラストレーターというグラフィックソフトの知識と制作能力を認定する試験です。

障害者雇用の求人が多い職種で活かせる資格

・マイクロソフトオフィススペシャリスト（MOS）

MOSはオフィスソフトの基本操作を習得したことを証明する資格です。事務などの職種で重宝されます。

・介護職員初任者研修

介護職として働くために必要な知識やスキルを習得できる研修です。介護職で働く人におすすめです。

・普通自動車免許

さまざまな業種で需要があります。

おすすめの資格

簿記

活かせる仕事
・経理
・営業

基本情報処理技術者

活かせる仕事
・プログラマー
・エンジニア

CAD 利用技術者試験

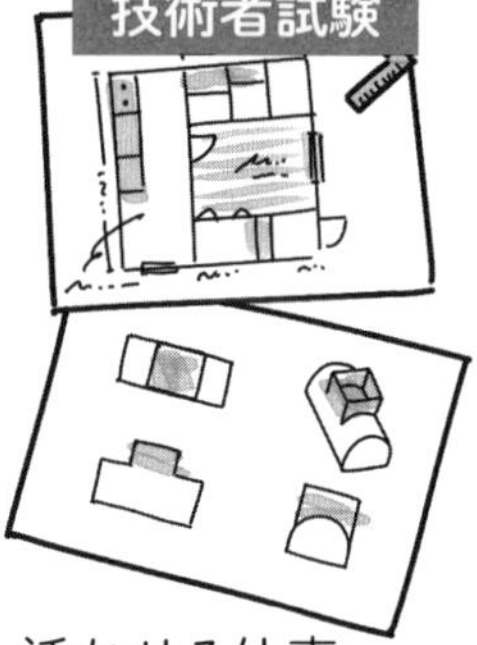

活かせる仕事
・CAD オペレーター

イラストレーター・クリエイター能力認定試験

活かせる仕事
・Web デザイナー
・グラフィックデザイナー

マイクロソフトオフィススペシャリスト（MOS）

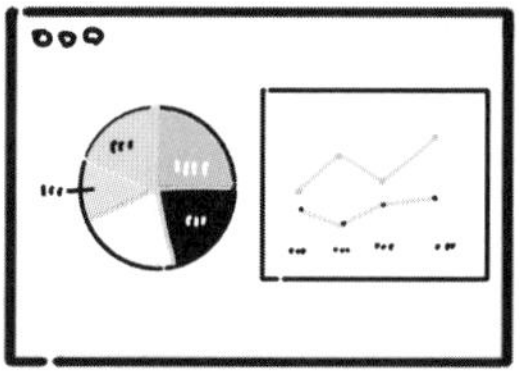

活かせる仕事
・事務
・PC を使うほぼすべての職種

介護職員初任者研修

活かせる仕事
・デイサービスなどの介護職員

普通自動車免許

活かせる仕事
・配送ドライバー
・送迎ドライバー

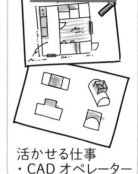

COLUMN

職種だけで向き不向きを決めつけない

私が相談・支援をする中で、非常に多かったのが「私には事務の仕事は無理です」など、職種でNGを出す人です。

発達障害の特性にマッチしない職種があることは事実です。ですが、悪いのは本当に職種だけでしょうか。私は、職種よりも環境のほうが重要だと思っています。具体的には、過去の職歴において、以下の点がどうだったかを振り返ってください。

❶ 配慮の有無

自分の特性に対して、会社に配慮を得られる環境でしたか？　多くの場合、一般雇用だと配慮がなく、障害者雇用だと配慮があります。

❷ 業務の複雑さ

たとえば、ひとくちに事務職といっても、一般雇用の場合、パソコン業務をしながら電話対応など、マルチタスクな環境が多いでしょう。一方、障害者雇用の場合「データ入力作業だけ」など、業務が切り出され、シングルタスクの応募も多数あります。業務の複雑さは、自分の能力に合っていましたか？

❸ 自己理解

そもそも自分自身のことを理解できていましたか？　自分の障害特性や必要な配慮を理解し、正しく会社に伝えられていたかどうかで、働きやすさは劇的に変わります。

この3点は、職種よりも重要です。これらをおろそかにして職種でNGにするのは、自分の可能性を狭めてしまい、もったいないです。職種だけで、向き不向きを決めつける必要はないのです。

第 2 章

「仕事の困った」は こう解決する①

仕事の管理&実務編

困りごと 1

期日を守れない

ASD

ADHD

特性と原因

▼時間の見通しを立てるのが苦手

「この仕事には10時間必要だな」といった予測が苦手なため、気がつくと期日が間近で手遅れになります。

▼タスク管理が苦手

↓困りごと4 仕事を忘れる（P40）

▼こだわりが強い

↓困りごと8 作業効率が悪い（P48）

▼仕事を断れない

↓困りごと33 仕事を断れない（P100）

▼先延ばしにする

↓困りごと37 先延ばしにしてしまう（P110）

解決のアドバイス

▼作業を細分化する

たとえば「カレーを作る」を「買い物に行く」「食材を切る」「食材を煮込む」「ご飯を炊く」と分けます。「カレーを作る」だけだと所要時間のイメージがつかめません。作業に細分化することで「18時にカレーを食べるので14時から行動を始める」とわかります。どの程度、作業を細分化すればイメージが湧くかは人それぞれです。たとえば「買い物をする」は「買い物リストを作る」「スーパーに行く」「家に帰る」まで分けたほうがよい人もいるでしょう。ToDoリストでタスク管理をしましょう。作業の細分化が難しい人は、上司などに手伝ってもらいましょう。

▼細かく進捗確認をしてもらう

進捗確認を細かくしてもらうことで、手遅れや、先延ばしを防ぐことができます。

作業を細分化

18:00に
食べたいから
14:00に
行動開始！

カレー作成プラン

14:00	買い物をする
15:00	食材を カットする
16:00	食材を煮込む
17:00	ご飯を炊く
18:00	食事

難しいなら

細かい進捗管理

15:00にまた
報告してね

細分化してもらう

どのような
手順で
進めますか？

困りごと

2 予定を忘れる

ASD

ADHD

特性と原因

▼スケジュール管理が苦手

スケジュールを把握できていないため、予定が入っていること自体を忘れてしまいます。

▼過集中によりほかの作業に没頭する

1つの作業に没頭して周りが見えなくなる過集中の状態になると、知らぬ間に時間がすぎていたということも起こりがちです。

解決のアドバイス

▼カレンダーアプリを利用する

仕事の予定が入ったら、必ずすぐにカレンダーアプリに登録しましょう。アプリの良い点は、その日の予定を朝に通知してくれることと好きな時間にアラートを設定できることです。予定を忘れにくくなります。

アラートの設定は、出発時間やアポイントの時間の直前（10分前）に鳴らしましょう。その日の朝だけでは不十分です。朝に予定を確認しても、ほかの作業に没頭している間に忘れてしまいます。

仕事中にスマホが触れない人は、Ｇｏｏｇｌｅカレンダーなどを使えば、パソコンでも同様の機能があります。どうしても手帳で管理したい人は、仕事はじめに手帳を確認することを習慣化してください。ただしアラート機能はないので、あまりおすすめはしません。

▼誰かにアラート役をしてもらう

Ｇｏｏｇｌｅカレンダーなどは、自分の予定を上司や同僚と共有できます。予定を共有することで、アポイントの時間の前に声をかけてもらうように頼んでもよいでしょう。

カレンダーアプリを利用する

難しいなら

アラート役をしてもらう

困りごと

3

目的地にたどり着けない

ASD

ADHD

特性と原因

▼空間認知能力が低い

空間認知能力が低いため、方向音痴で地図を見ることや電車の乗り換えが苦手です。

▼移動の所要時間がわからない

時間の見通しが甘く、電車の移動時間は考慮していたが、駅から目的地までの移動時間を見落としていたということも起こりがちです。

解決のアドバイス

▼目的地までの経路や時間を事前に調べる

乗車駅から降車駅までの時間だけでなく「何番線のどこ行きに乗ればよいのか？」まで調べましょう。電車乗り換えアプリを使えば、出発地から乗車駅、降車駅から目的地までの徒歩時間も含めた移動時間の提案や、乗り換え駅構内の経路を教えてくれます。降車駅から目的地まではＧｏｏｇｌｅＭａｐなどを使いましょう。さらに、事前の下調べが完了したら、正しいかどうかを誰かにチェックしてもらいましょう。

▼早めに出発する

初めて行く場所や絶対に遅刻できない約束の場合は、30分早く着くよう出発しましょう。多少迷ったとしても、約束の時間には到着できるでしょう。

問題なく早く着いた場合は、目的地の近くで待機します。早く着いたからといって、早く訪問するのは失礼です。訪問は約束の5分前にしましょう。

▼上司や同僚に帯同をお願いする

初めての訪問先の場合は、可能であれば帯同をお願いすると間違いありません。

事前に経路や時間を調べる

or

ポイント 必ず調べよう

- 現在地からの乗り換え駅までの徒歩時間
- 乗車駅から降車駅までの時間
- 乗車する路線や乗り換え方法
- 降車駅から目的地までの経路と時間

おすすめアプリ

Yahoo! 乗換案内	乗換 NAVITIME	乗換案内	駅すぱーと
徒歩も含めた所要時間がわかる	有料なら駅構内図も確認可能	電車乗り換え以外の機能も充実	乗り換えアラームがかけられる

早めに出発する

ポイント 30分前着を目指す

初めての訪問先
なので早めに
出発します

難しいなら

重要な
取引先だから
一緒に行こう

帯同してもらう

困りごと

4 仕事を忘れる

ASD
ADHD

特性と原因

▼タスク管理が苦手

仕事を指示されたら、メモを取るなどして、忘れないようにするのが一般的な方法ですが、メモを取り忘れる、取り間違える、見返すことを忘れるなど、そもそもメモを取ることが苦手です。（→困りごと14 メモが取れない（P60））

メモ取りなど、指示受けが苦手なことに加え、与えられた仕事を整理・管理することも苦手なので、やり忘れなどのミスが起こります。

解決のアドバイス

▼ToDoアプリを使う

タスク管理は、メモ帳よりToDoアプリがおすすめです。メモは、どこを見返せばいいのかわからないなど煩雑になりがちです。

ToDoアプリもできるだけシンプルなものを使用しましょう。機能としては、期限設定、アラート設定、タスクの細分化があれば十分です。

あと重要なのは、タスクをほかの人と共有できること。自分の仕事を上司や同僚と共有しておくことで、登録し忘れや登録内容の間違いなどのミスも減らせるでしょう。

▼ToDoリストをチェックしてもらう

先ほど説明したタスクの共有が可能なアプリを使えば、チェックしてもらうことも簡単です。また、自分のToDoリストに、上司にタスクを登録してもらうことも可能です。口頭での指示だけでなく、そこまでお願いできれば、やり忘れもかなり減らせるはずです。

ToDoアプリを使う

○○くん
この仕事お願い
わかりました
仕事を
お願い
されたら
ToDoアプリに
すぐに登録
登録!

おすすめアプリ

Microsoft To Do
右記の内容をすべて満たしており、Microsoft アカウントさえあれば無料で利用できるのが GOOD！

ポイント

シンプルなアプリを選ぼう

必要な機能は、期限設定、アラート、タスクの細分化、タスクの共有

難しいなら

ToDoリストをチェックしてもらう

さっきお願いした
仕事の期日が
間違っているよ
すみません!

困りごと

5 マルチタスクが苦手

ASD

ADHD

特性と原因

▼ワーキングメモリの容量が少ない

ワーキングメモリとは、作業に必要な情報を一時的に記憶し処理する能力のことです。発達障害の人は、ワーキングメモリの容量が少ない傾向があります。つまり、一時的に記憶できることの数が少ないためマルチタスク（作業の同時並行）が苦手なことが多いです。

▼優先順位がつけられない

→困りごと6 優先順位がつけられない（P44）

解決のアドバイス

▼新しい仕事を同時に増やさない

ワーキングメモリを消費する1つの原因は、慣れない作業をすることです。たとえば、テレビを見ながらごはんを食べることは、多くの人にとって容易なことでしょう。なぜなら、ごはんを食べるという作業は、無意識にできるほど慣れた作業だからです。お箸を使うことに慣れていない小さな子どもにとっては、ごはんを食べることとテレビを見ることの同時並行は容易ではありません。

仕事も同じです。ワーキングメモリを大量消費する慣れない仕事を同時にこなすことは、容量の少ない発達障害の人には困難です。無意識にできるほど慣れてから、新しい仕事を増やすと負担を少なくできます。

▼ルーティンワークをまかせてもらう

「次から次へと新しいプロジェクトをまかされて、日々異なる仕事をする」といった働き方は、慣れる時間がないので、あまり向いていません。日々同じ仕事をこなすほうが安定して働きやすいです。

ワーキングメモリが少ないと……
複数の仕事を抱えられない
○○と△△と
ロロを
やっておいて
頼みごとが
続くと
混乱する～
ながら作業ができない
話を
聞きながらメモ
が取れない…
難しいなら
新しい仕事を
同時に増やさない
ルーティンワークを
まかせてもらう
慣れてきたので
新しい仕事が
できます
よし！ では
この仕事を
頼む！
アレをして
コレをして…
自分の
仕事はコレ
ルーティンワークのほうが
安定しやすい

困りごと

6 優先順位がつけられない

ASD

ADHD

特性と原因

▼物事を順序立てて考えるのが苦手

優先順位をつけるとは「Aの作業を終わらせてから、Bの作業を始める」といった作業の順番を決めることです。「なぜAが先でBがあとなのか？」を決定するためには、期日や所要時間、作業効率、重要度などさまざまな要素を組み合わせて決定する必要があります。ですが、そもそもスケジュールやタスクの管理が苦手なので優先順位をつけるのも苦手です。

↓困りごと1 期日を守れない（P34）
↓困りごと2 予定を忘れる（P36）
↓困りごと4 仕事を忘れる（P40）

解決のアドバイス

▼緊急度と重要度が高いものを優先する

緊急度と重要度が高ければ、優先順位も高いです。緊急度が高いのは「期日が近い」「クレーム対応」「設備故障」などの仕事です。重要度が高いのは「商品開発」「システム改善」など、会社の売上や利益への貢献が期待される仕事です。まずは、緊急度の高い仕事を優先しましょう。

▼優先順位が正しいか確認してもらう

「優先順位を決めたが自信がない……」という場合は、自分の決めた優先順位を上司や同僚などに確認してもらい、間違いがあれば修正してもらいましょう。

▼仕事は1つずつ指示してもらう

1つずつ指示をもらえば、優先順位を設定する必要がなくなります。しかし、上司は手間がかかります。ですから「3つずつ」などとしてもよいでしょう。

緊急度と重要度が高いものを優先

重要度 高

B：質の高い領域
・商品開発
・人材育成
etc.

A：問題・課題の領域
・クレーム対応
・期日が近い作業
etc.

緊急度 高

低

D：ムダな領域
・目的のない雑談
・将来の役に立たない時間
etc.

C：見せかけの領域
・重要でない会議
・効果の期待できない接待
etc.

低

Aが最優先、
次に重要
なのはB

難しいなら

優先順位を確認してもらう

この順番でよいですか？

仕事は1つずつ指示してもらう

この仕事が終わったら、また聞きに来て！

わかりました！

困りごと 7

集中できない

ASD
ADHD

特性と原因

▼ほかのことに気が散っている

特にＡＤＨＤ傾向の人は、仕事中にスマホの通知などが鳴るとそちらに関心が移ってしまいます。また「今日の夕飯は何にしよう？」と思うと、知らぬ間にネットサーフィンに時間を取られたりもします。また、１つの仕事に黙々と取り組むのが苦手で、集中が途切れてしまいます。

▼ワーキングメモリをムダづかいしている

↓困りごと５ マルチタスクが苦手（Ｐ42）

▼興味のない作業をしているから

↓困りごと38 興味のないことに取り組めない（Ｐ112）

▼周りの雑音が気になる

↓困りごと40 雑音や光が気になる（Ｐ116）

解決のアドバイス

▼気が散らない環境を整える

スマホはカバンに入れておくなど、仕事に関係がない物を周りに置かないようにしましょう。

▼仕事のメリハリをつける

午前中はデスクワークで、午後は外回り営業といった具合で、仕事にメリハリがあると集中が保ちやすいです。ただし、複数の仕事をこなすマルチタスクが苦手なので、事前に対策することが必要です。

▼不安は都度解消する

「恋人とケンカした」など、不安という感情は、ワーキングメモリを大量に使用し、作業への集中を妨げます。ほったらかしにせず、可能な限り都度解決しましょう。相談者や支援者を作っておくことが有効です。

気が散らない環境を作る

仕事に関係がない物を
周りに置かない

耳栓やイヤホンを使う
などして音を遮断する

仕事のメリハリをつける

行ってきます！
デスクワーク
午前
午後
外回り

午前・午後で仕事を分ける

不安は解消する

相談に
乗ってくれる？
いいよ

相談相手を作ろう
悩みや不安を
ほったらかしにしない

困りごと

8

作業効率が悪い

ASD

ADHD

特性と原因

▼完璧主義すぎる

完璧主義思考の強い人は、クオリティにこだわりすぎて、次の作業に移れないことがあります。また「仕事は1人でこなすべき」といった「べき思考」が強い人も、苦手なことを人に頼れず、作業効率が悪くなることがあります。

▼効率的な作業手順がわからない

物事の順序立てが苦手なため、効率的な作業手順がわからず、時間がかかっていることがあります。

▼マルチタスクが苦手

↓困りごと5 マルチタスクが苦手（P42）

解決のアドバイス

▼基準を決める

高いクオリティを追求することは良いことですが、時間対効果を考えることも大切です。「ここまでやればOK」という基準を作り、次に進みましょう。基準は上司と相談し、できるだけ具体的に決めましょう。

▼データ入力は画面分割

一例ですが、データ入力の仕事は、マルチタスク（覚えると打ち込むの同時並行）なので、作業効率が悪くなりがちです。PCの画面分割機能やデュアルモニターを活用するなど、見ながら打てる（覚える必要がない）環境を作ることで改善しやすいです。

▼作業の様子を確認してもらう

非効率な作業手順になっていても自分ではなかなか気づけません。おかしいと思ったら指導してもらいましょう。正しい作業手順はミス軽減にもつながります。

基準を決める

1つあたりの
作業時間は
10分にしよう

時間のように
具体的な基準がよい

作業の様子を確認してもらう

そのやり方は
効率が悪いよ!

作業効率が悪くても
自分では気づけない

データ入力は画面分割

右にPDF、
左にワード文書など

デュアルモニター
(2台のモニター)の活用
スマホやタブレットを
サブモニターにするアプリもある!

困りごと

9 ケアレスミスが多い

ASD

ADHD

特性と原因

▼チェックポイントがわからない

ミスが発生しやすいポイントがわかっていないので、重要な部分をチェックしていなかったり、チェックの抜け落ちなどが起こります。そもそもチェックすることを忘れていることもあります。

▼作業に集中していない

→困りごと7 集中できない（P46）

▼効率的な作業手順がわかっていない

→困りごと8 作業効率が悪い（P48）

解決のアドバイス

▼消し込みチェック表を使う

消し込みチェック表とは、1つの作業を終え、ミスチェックを行なう際のチェックリストです。チェックリストを上から順番に確認し、間違いがなければ、✓印などを付けて消し込んでいきます。こうすることで、チェックの抜け落ちやチェック忘れを減らすことができます。ただし、そもそもチェックのポイントがわかっていないと有効な消し込みチェック表を作れません。上司などに作ってもらったり、自分で作ったものが正しいか確認してもらうなどはしておきましょう。

▼ダブルチェックを依頼する

安心して仕事をまかせてもらえるようになることがベストですが、ミスが多いうちは、上司などにダブルチェックを依頼しましょう。すべての仕事にダブルチェックを入れてもらうのは難しいかもしれません。その際は「自分がよくミスをする仕事」「ミスが許されない重要な仕事」などに絞って依頼します。

消し込みチェック表を使う

作業が終わったら
必ずチェック表の項目を消す

チェック表を
自分で作れない場合は
上司に相談

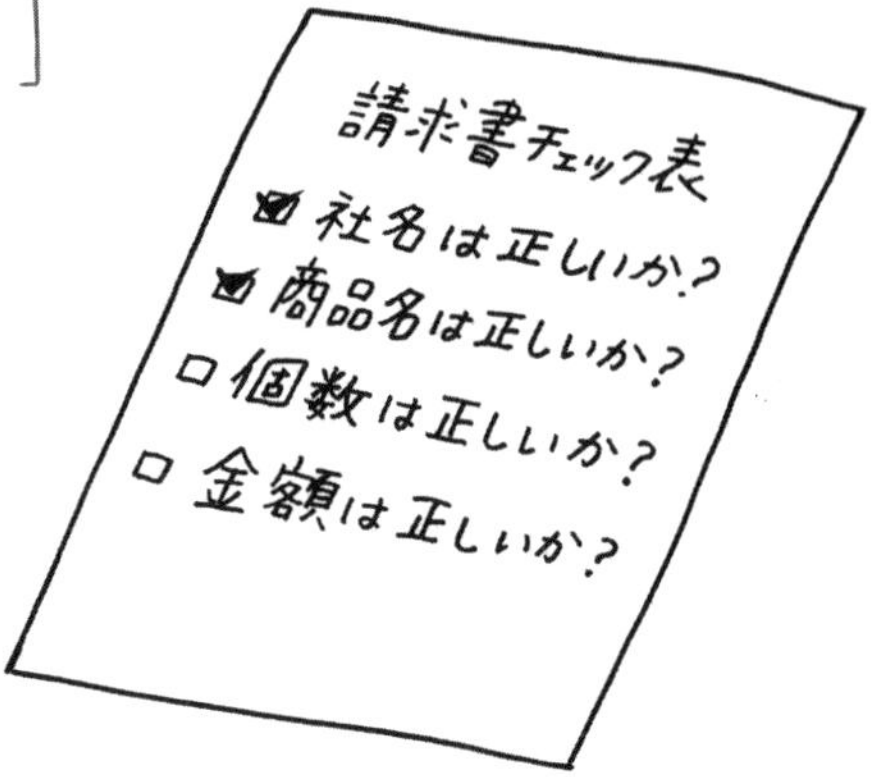

ダブルチェックを依頼する

困りごと

10 無くし物が多い

ASD

ADHD

特性と原因

▼整理整頓が苦手

机の上は書類が山積み、文具は出しっぱなし、ＰＣのデスクトップもファイルが散乱し、「どこに何があるかわからない」ということが起こります。片づけたくても、どう片づけたらよいかわからない、あるいは片づけるのがおっくうで進みません。

▼物が捨てられない

「もしかしたらいつか使うかも」と思い、不要な物を保管したり、こだわりが強く、周りにとっては不要でも、本人はそうでないため捨てられなかったりします。

解決のアドバイス

▼物を置く場所を決める

「よく使う資料は机の上の本立て」「文房具は一番上の引き出し」といった具合に、定位置を決めましょう。また、引き出しにラベリングして、中身がわかるようにする、必ず定位置に戻すクセをつけましょう。

▼捨てる基準を決める

多くの場合、一定期間使わなかったものは不要です。「半年間使わなかったら捨てる」などの基準を作りましょう。また「先週のプレゼン資料の余り」などもデータがあればＯＫです。あとは「毎週金曜日の退社前」など、整理整頓するタイミングを決めます。

▼捨ててよいか迷ったときは相談する

中には「○年間保存義務がある」といった重要書類もあります。捨てて良いかどうか判断が難しいものは上司に確認しましょう。また、ただ捨てるのではなく、シュレッダーにかけなければいけないものもあります。

物を置く場所を決める

よく使う資料
PC
文房具、名刺
あまり使わない
資料

捨てる基準を決める

半年
使ってないから
捨てよう！

捨ててよいかを相談する

この資料は
もう捨てて
よいですか？
大丈夫

整理整頓のタイミングを決めよう

困りごと

11

臨機応変な対応ができない

ASD

ADHD

特性と原因

▼経験のないことを想像するのが苦手

ＡＳＤの人は、経験のないことや想定外の出来事の成り行きを想像するのが苦手です。つまり、変化に弱いです。決まった流れから外れると、対応できなくなります。パニックになることもあります。

▼マルチタスクが苦手

→困りごと5 マルチタスクが苦手（Ｐ42）

解決のアドバイス

▼その場を離れる

臨機応変な対応が求められ、パニックになりそうなときは、冷静になる時間を作りましょう。「確認いたしますので少々お待ちください」などと伝え、いったんその場を離れます。その間に、深呼吸などリラックス方法を行なったり、上司に助けを求めましょう。

▼マニュアルを作成してもらう

トラブルの対処法、お客様から回答がわからない質問をされたときの対応方法など、想定できる限りのさまざまなケースをマニュアル化してもらうことで事前に予習ができます。準備してもらえない場合は、自分で対応方法などをまとめ、不明な点は質問しましょう。

▼業務内容を調整してもらう

電話応対、接客業、コンサル業など、お客様の要望に応対することを前提とした仕事は、臨機応変な対応を求められやすいです。逆に、製造業や倉庫業など、接客がなく黙々と作業に取り組める仕事は、臨機応変な対応を求められない場合が多いです。自分に合った業務に調整してもらうのも1つの手です。

パニックになりそうなときはその場を離れる

ポイント

深呼吸、水を飲むなどして気持ちを切り替えよう！
応対がわからなければ上司に相談する

マニュアルを作成してもらう

事前に予習して心の準備を

業務内容を調整してもらう

電話応対、接客など
受け身の仕事は苦手

困りごと

12

急な予定やルールの変更に対応できない

ASD

ADHD

特性と原因

▼経験のないことを想像するのが苦手

困りごと11（P54）で述べた通り、ASDの人は経験のないことや想定外の出来事の成り行きを想像するのが苦手です。急なルールや予定の変更は、自分がどう対応するべきかを想像できないので、不安が大きくなり、パニックやフリーズが起こります。

解決のアドバイス

▼落ち着いて方針を確認する

急な予定やルール変更でパニックになることを抑えるためには、自分が安心できるようにすることが重要です。

安心とは、変更後の自分が取るべき行動のイメージを持つことです。まずは落ち着いて、自分の行動方針を上司などに尋ねましょう。

▼できるだけ前もって伝えてもらう

予定やルールの変更があっても、前もって心の準備や、対応を確認する時間があれば、安心して臨むことができます。急な予定変更はやむを得ない場合もありますが、ルール変更であれば比較的、前もって伝えやすいはずです。

また、どの程度事前に伝えてもらえれば、落ち着いて対応できるのか、明確に伝えておくとよいでしょう。具体的には「3日前までに」などです。

▼パニックになったらいったん休憩をもらう

パニックにならないよう対処できるのがベストですが、なってしまった場合は、いったん落ち着くための時間をもらいましょう。

落ち着いて方針を確認

予定が変更されましたが
私はどうすれば
よろしいですか？
では、まず…

ポイント
仕事で急な変更は
よくあります
心の準備をしておきましょう

前もって伝えてもらう

来月から
作業内容が
変わるから
事前に確認しよう
わかりました！

パニックになったら休憩

困りごと

13 自己流に固執する

ASD

ADHD

特性と原因

こだわりが強い

ＡＳＤには、こだわりが強いという特性があります。朝起きてからの行動が完全にルーティン化されている、決まった道順以外通らないといったことがあります。仕事においても、自己流に固執して、そこから逸脱した行動を強要されると感情的になることもあります。

これもやはり、変化に弱いことが原因で、自己流から逸脱した際、どう対応すればよいのかわからないという不安がこだわりにつながります。

解決のアドバイス

納得と安心を得られるよう質問する

上司などが自己流を変えるように言ってくるのには理由があります。自己流だとミスが起こりやすかったり、危険だったりなどさまざまです。まずは、変えないといけない理由を確認し、納得することで、心がまえができます。

次に、新しい方法に安心感を得ることが大切です。そのためには「この方法でも自分はできる」と感じられなければいけません。納得と安心が得られれば、変化も受け入れやすいはずです。

不安がなくなるよう指導してもらう

「この方法でも自分はできる」と感じるために、上司などに指導を求めたり、マニュアルを作成してもらったりしましょう。マニュアルの作成を求めるのが難しい場合は、指導を受けた内容を自分でまとめて、自分なりのマニュアルを作成します。作成したマニュアルで問題ないかの確認は行ないましょう。

納得と安心を得られる質問をする

変える必要がある理由は
何でしょうか？
正しい方法を
詳しく教えて
ください
それはね…

ポイント
失敗のリスクを理解することが自己流への固執をやわらげるきっかけになることもあります

不安がなくなるよう指導してもらう

マニュアルを準備してもらう

ここはこうすれば
いいよ

直接教えてもらう

困りごと

14 メモが取れない

ASD

ADHD

特性と原因

▼要点を整理するのが苦手

メモを取るときは、話の重要なポイントだけを押さえることが重要です。しかし、その重要なポイントがわからないので、うまくメモを取ることができません。

▼耳で情報を処理するのが苦手

↓困りごと20 口頭指示が理解できない（P74）

解決のアドバイス

▼録音する

メモを取ることに固執せず、録音しましょう。ボイスレコーダーやスマホのアプリでも録音が可能です。録音すれば、あとで聞き返したり、自分なりのマニュアルを作成できます。ただし、録音は相手を不快にする（発言の証拠を残されているように感じる）場合もあるので、事前に職場や相手に許可をもらいましょう。

録音だけでなく、作業工程を記録したい場合は動画、完成図を記録したい場合は写真に残す方法もあります。

▼5W2Hを意識してメモする

「いつ」「誰が」「何を」「どこに」「なぜ」「どのように」「どのくらい」の7点を押さえることを意識しましょう。それだけでメモの精度は上がるはずです。

▼メールやチャットで指示をもらう

口頭指示ではなく、メールやチャットで指示をもらえば、メモの必要はなくなります。

▼ゆっくり話してもらう

どうしてもメモを取らないといけない場合は、ゆっくり話してもらうようお願いしましょう。また、取ったメモの内容が正しいか確認してもらえると安心です。

ゆっくりと話してもらう

ポイント
5W2H を意識してメモを取る
何をメモするのかを事前に確認しよう
たとえば「今日の予定を知りたいので、仕事内容と時間をメモさせてください」など

録音する

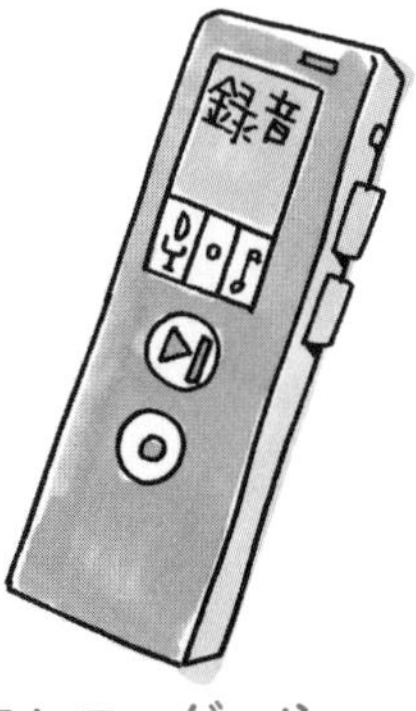

ボイスレコーダーや
スマホを活用しよう

メールやチャットで指示をもらう

文章で指示をもらうほうが
理解しやすい

困りごと

15 電話応対が苦手

ASD

ADHD

特性と原因

▼会話とメモ取りの並行作業が難しい

電話応対は、相手と会話しながら、会話の内容をメモするというマルチタスクです。ワーキングメモリの容量不足によりマルチタスクが苦手です。（↓困りごと5 マルチタスクが苦手（P42））

▼臨機応変な対応が苦手

↓困りごと11 臨機応変な対応ができない（P54）

解決のアドバイス

▼電話メモのフォーマットに沿って質問する

電話応対で確認すべき内容は、会社によって異なりますが、一般的に「会社名」「相手の名前」「連絡先」「要件」は必須であることが多いでしょう。電話応対専用のメモ用紙をエクセルなどで作成して、電話の近くに印刷して準備しておきましょう。「メモ用紙の項目を順番に尋ねて、埋めていくだけ」という状態を作ることで、落ち着いて対応できるはずです。

▼通話を録音する

通話を録音すれば、あとから聞き返すことができるので、メモの内容が間違っていても修正できます。通話の内容を上司に振り返ってもらえれば、電話応対スキルの向上にもつながります。ただし、オプション費用やシステム導入費用がかかるので、相談が必要です。

▼電話応対をマニュアル化してもらう

電話応対の内容は会社によって異なりますが、会社ごとにある程度、応対内容は決まっているはずです。応対内容をマニュアル化してもらうことで、事前に予習できるので、より落ち着いて応対できます。

電話メモのフォーマットに沿って質問する

ポイント

・メモするべき内容は会社によって違うので上司に確認してからフォーマットを作成しよう

・電話の目的（たとえば、担当者への取り次ぎなど）を理解しておこう

会社名
氏名
連絡先
要件メモ

通話を録音する

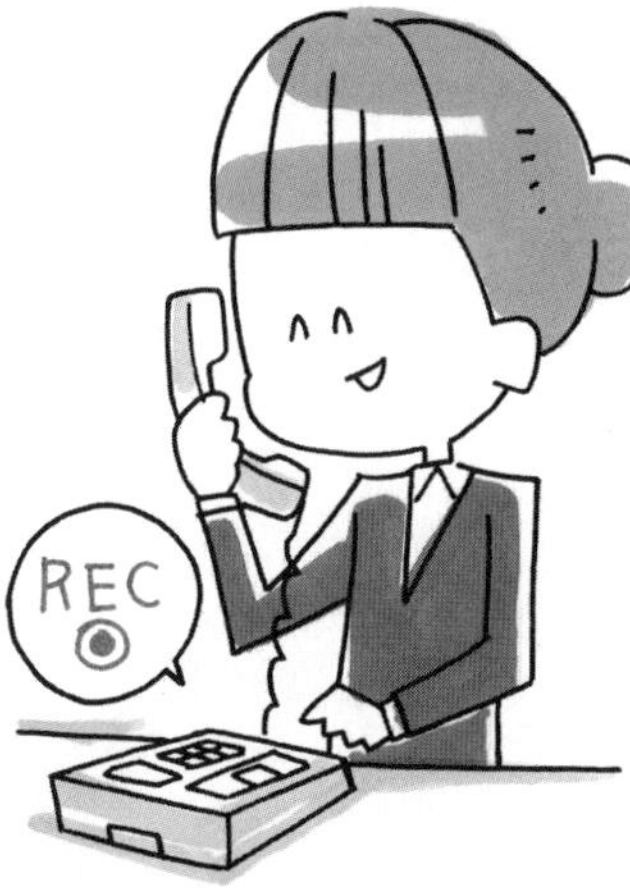
REC

録音すれば振り返りできる

電話応対のマニュアル化

質問①
YES
NO
質問②
質問③

相手の返答によって分岐するマニュアルだとわかりやすい

困りごと

16

メールの管理が苦手

ASD

ADHD

特性と原因

▼返信をつい忘れてしまう

「メールが来たけれど、忙しいからあとで返そう」などと考えると、つい返信を忘れます。

▼メールの着信に気づかず読み忘れる

受信フォルダの整理整頓ができていないため、読み忘れが発生します。

解決のアドバイス

▼メールをチェックする時間を決める

「毎朝9時」「1時間ごと」など、チェックするタイミングを決めて、タスク管理アプリなどでアラートを設定しましょう。チェックの適切な頻度がわからなければ、上司や同僚に相談します。「メールは確認したが返信はあとで」という場合は、メールは未読に戻しましょう。再確認忘れの防止になります。

▼フォルダやアドレスを分ける

受信フォルダを取引先ごとに分ければ、前後のやり取りも振り返りやすく、読み忘れも防げます。

また、取引先との応対用のアドレスと個人アカウントの作成などに使用するアドレスは分けましょう。アカウントを登録すると、メルマガなどの通知が届き、受信フォルダが雑多になるからです。

▼チャットを利用する

チャットを使えば、フォルダ分けは最初から行なわれていますし、未読メッセージが上位表示されるなど、管理面ではかなり楽です。近年は、社内・社外を問わず、チャットを利用する会社が増えました。利用の可否は会社の意向があるため、お願いしてみましょう。

メールをチェックする時刻を決める

ポイント

チェックの時刻は PC やスマホでアラートを設定しよう
メールチェックの頻度は会社によって違うので要確認

フォルダやアドレスを分ける

取引先応対用のアドレスに
メルマガを登録しない

チャットを利用する

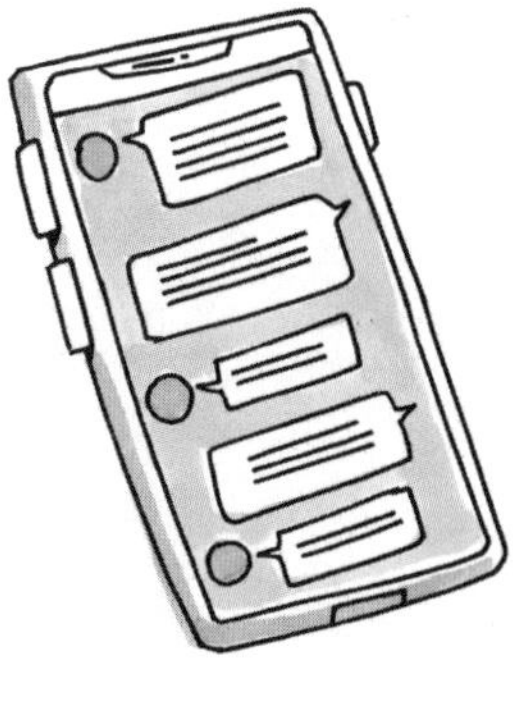

チャットのほうが管理は楽

困りごと

17

メールの送信が苦手

ASD

ADHD

特性と原因

▼文章構成を組み立てるのが苦手

ビジネスメールの場合、1回のメールの中で、それなりの情報量を、論理構成を意識しながら、かつ端的に伝える必要がありますが、それが苦手です。論理構成が破綻している、ダラダラとした文章で、相手に伝わらない、読みにくいということが起こります。

▼誤送信してしまう

メールの送り先を間違える、添付ファイルを付け忘れるなどのケアレスミスもよくあるミスです。

解決のアドバイス

▼ビジネスメールの型を覚える

メールを送る内容はさまざまですが、文章の型はある程度決まっています。レイアウト的にも一定のルールを守れば、それほど読みにくい文章にはならないはずです。左ページに、ビジネスメールの型とレイアウトを記載していますので参考にしてください。

▼宛先は最後に入れる

メールの本文の入力が完了したら、見直しをせずに反射的に送信ボタンを押してしまう場合は、宛先を最後に入力するのが有効です。ファイル添付は最も忘れがちなので「①添付→②件名→③本文→④宛先」の順番で入力すると、反射的な誤送信が減らせます。

▼文章を添削してもらう

重要なメールは、送る前に上司などに確認してもらいましょう。文章がわかりにくい、失礼な表現がある場合は修正してもらい、以後のメール作成のための学びにしましょう。

	送信者　XXX. □□□ @XXXX.com
	宛先　△△△ . ●●●@ abcde.jp
①件名→	件名　見積書ご確認のお願い
	本文
②宛名→	株式会社 ABCDE 営業部　部長　佐藤　様
③冒頭の挨拶→	いつもお世話になっております。 株式会社 XXXX の鈴木でございます。 先日は、お忙しい中貴重なお時間を頂戴し、ありがとうございました。
④用件→	さて、先日のお打ち合わせでご依頼をいただいておりました、 商品の見積書を添付致しております。 お忙しいところ恐縮ではございますが、ご確認のほどよろしくお願い申し上げます。 何かご不明な点、ご要望などございましたら、何なりとお申し付けください。
⑤締めの挨拶→	引き続きよろしくお願い致します。
	**
⑥署名→	株式会社 XXXX 営業部 鈴木　太郎（すずき　たろう） 100-XXXX 東京都△△区○○町 1-2-3 電話　03-0000-0000 FAX　03-0000-0001 メール　XXX. □□□ @XXXX.com URL　http://XXXX.com **

①件名　件名は 15 文字程度で端的に、かつ相手にどうしてほしいのか具体的に記載します。

②宛名　「会社名、部署名、氏名+様」の形が一般的です。役職がある場合は、氏名の前に付けます。

③冒頭の挨拶　「いつもお世話になっております。+社名+名前」の形が一般的です。初めて連絡する相手の場合、「初めてご連絡致します。」とします。

④用件　結論ファーストで、最初に要旨を記載します。詳細はその後です。箇条書きなどを用い、読みやすくするとさらに良いです。

⑤締めの挨拶　「引き続き、よろしくお願い致します。」の形が一般的です。

⑥署名　社名、部署、氏名、会社所在地、電話、FAX、メールアドレス、HP の URL などを記載するのが一般的です。

困りごと

18

報連相ができない

ASD
ADHD

特性と原因

▼要点を整理するのが苦手

話の要点を整理するのが苦手でダラダラと話してしまい、「何が言いたいのかわからない」と言われます。

▼タイミングがわからない

報連相の回数が多すぎたり、少なすぎたりして怒られることがあります。

▼声をかけるのを遠慮する

忙しそうにしている上司や同僚に声をかけるのをためらうという人が非常に多いです。

解決のアドバイス

▼①要件→②結論→③理由→④対策の順番で話す

報連相もメールと同じで、型を意識しましょう。左ページに例を記載したので、参考にしてください。

▼報連相する前に話をまとめる

いきなり口頭で話を整理しながら報連相するのは難しいという場合は、いったん紙などに書き出し、まとめてから報連相しましょう。

▼トラブルの報連相は迅速に

相手の忙しさを気づかい、声かけをためらう気持ちはわかります。ですが、クレームや作業進捗の遅れなど、トラブル系の報連相をあと回しにしてしまうと、よけいに怒られる可能性が高いです。

▼報連相の内容やタイミングを決めてもらう

「1日1回17時に」や「作業がここまで進んだら」など、タイミングを決めてもらいましょう。報告の内容も「作業の進捗」「問題点」など、どのような情報を求められているか確認しておくと迷わずに済みます。

報連相の具体例

①要件
「○○商事に出荷予定の商品についてご報告があります。
今5分ほどお時間よろしいでしょうか?」

②結論
「本日出荷予定でしたが、出荷が間に合いません。」

③理由
「原因は、製造ラインの機械が故障してしまったためです。」

④対策
「修理は本日中に可能との見通しなので、明日発送できます。
その旨○○商事にお詫びのご連絡を行なう予定にしています。」

報連相の前に話をまとめる

ポイント
相談(④対策まで伝える)が難しい場合は、まず報告(③理由まで)ができるようになりましょう

困りごと

19 衝動的に行動してしまう

ASD

ADHD

特性と原因

▼勝手に行動してミスをする

深く考えず、また上司の確認を取らずに行動するため、ミスが増えたり、勝手な行動を取って怒られたりします。

▼じっとしていられない

会議などでじっと座っていることが苦手、せっかちで待つことが苦手だったりします。大人になると多動の症状は少なくなることが多いです。座っていられず離席してしまうことはまれですが、体をソワソワ動かしてしまうことがあります。

解決のアドバイス

▼行動する前に確認するクセをつける

ＡＤＨＤには、アイデアが豊富という強みがあります。「あっ、これいいかも！」と仕事のアイデアを思いつくことも多いでしょう。それは素晴らしいことですが、自分が指示された業務から外れるようであれば、勝手に行動するのは危険です。良かれと思い取った行動ではあると思いますが、衝動的に動きたい気持ちを抑えて、事前に上司に確認するクセをつけましょう。

▼自分で決めてもOKな基準を決めてもらう

多くの場合、会社には役職に応じて意思決定権が設けられていますが、暗黙の了解の要素も多くあり、わかりにくい場合は基準を明確に決めてもらいましょう。

たとえば、お金に関することは上司の許可が必要なことが多いです。「10万円以上の発注は許可が必要」「売上値引きは許可が必要」といった具合に基準を決めておくことで、ブレーキになるでしょう。

行動する前に確認するクセをつける

新しいアイデアを
思いついたのですが、
いかがでしょう？
いいね！

ポイント
早まった決断でミスが多い場合は、
決断した翌日に行動してみましょう

自分で決めてもOKな基準を決めてもらう

10万円以上の
仕入れは必ず
確認を取ってね
わかりました

COLUMN

安定就労のための求人検索

求人検索のとき、真っ先に給与に目がいく人が多いでしょう。しかし、給与だけで会社を選ぶと安定就労が難しいかもしれません。特に体調に自信がない人は、以下の点を注意して求人検索しましょう。

● 給与

あまり高く設定すると求人数がグッと減ります。自分が求めたい生活水準には、どの程度のお金が必要なのかを整理しましょう。また、障害年金を取得できると、必要な給与のハードルも下がります。

● 勤務時間・休日

自分の体調を考慮して、無理な労働時間を避けましょう。体調面に不安がある場合、生活リズムが安定する勤務形態をおすすめします。具体的には、週休2日（できれば曜日固定）、勤務時間固定、残業少なめ（月10時間以内）が望ましいです。フルタイム勤務に自信がなければ、パートから始めましょう。最終的にはフルタイムを目指したい場合は、ステップアップさせてもらえる会社を探しましょう。

● 通勤時間

通勤時間も体調安定には重要です。生活リズム全体をイメージして、長続きしそうか考えましょう。

たとえば、9時～18時勤務、残業平均1時間、通勤1時間半の場合、朝家を出るのは7時半です。身支度に1時間必要なら、起床は6時半。会社を出るのが19時で、帰宅は20時半。そのあと、家事等に2時間かかるとすると、一息つけるのは22時半です。8時間睡眠を取ろうと思うと、すぐに寝なくてはいけません。趣味の時間はなさそうです。「この生活は厳しいな」と感じるなら、最初に見直したいのは通勤時間です。

第3章

「仕事の困った」は
こう解決する②

対人関係&コミュニケーション編

困りごと

20

口頭指示が理解できない

ASD

ADHD

特性と原因

▼耳で情報を処理するのが苦手

目で見る、耳で聞くなど五感を中心とした感覚器官から入って来た情報を記憶したり理解する能力のことを「認知特性」といいます。どの方法で情報を処理するのが得意であるかは人それぞれ異なり、認知特性は、次の3つに分けられます。

▼視覚優位……情報を見て処理するのが得意

▼言語優位……情報を読んで処理するのが得意

▼聴覚優位……情報を聞いて処理するのが得意

発達障害者は、認知特性の偏りが大きく、視覚優位で、言語や聴覚の認知が苦手という人が多いです。

解決のアドバイス

▼録音する

→困りごと14 メモが取れない（P60）

▼指示はマニュアル化してもらう

マニュアル化をお願いするという内容は、本書の中でも複数回紹介しています。聴覚情報処理が苦手なので、口頭指示に比べてマニュアルが有効であることが多いからです。

ただし、マニュアル化にもコツがあります。文章がメインのマニュアルの場合、言語情報処理が苦手な人だとやはり理解が難しいかもしれません。マニュアルには、写真や図、イラストなどを入れてもらうことで、視覚情報になります。中でもおすすめは動画です。動画は作業工程を余すことなく記録できるのでわかりやすいですし、上司などの作業の様子を撮影させてもらうだけでよいので、会社の負担も少なく済みます。

認知特性って何？

視覚優位……情報を見て処理するのが得意

言語優位……情報を読んで処理するのが得意

聴覚優位……情報を聞いて処理するのが得意

指示はマニュアル化してもらう

写真やイラスト

図

動画

ポイント
テキストメインのマニュアルの場合、写真、イラスト、図を使用する。動画マニュアルもおすすめ

困りごと

21 一方的に話してしまう

ASD
ADHD

特性と原因

興味のない話に関心が持てない

ASDは、こだわりが強く興味の対象が限定的になりやすいです。これは会話においても例外ではなく、相手の話題には関心が持てず、自分の話したいことだけを話しがちです。また、相手が退屈そうにしていても表情やしぐさから相手の感情を読み取ることも苦手なので、退屈そうにしていることに気づけません。

衝動的に話してしまう

ADHDは、衝動性・多動性の特性により、会話の順番を待つことが苦手です。相手が話している最中に割って入ってしまい、会話が一方的になりがちです。

また、話している最中に関心がほかへ移り、知らぬ間に別の話題になってしまい、気がつくとダラダラと話しているということも起きがちです。

解決のアドバイス

会話のキャッチボールを心がける

人間関係を良好に保つうえで、会話は非常に重要です。人間関係を保つことは、働きやすい職場作りにつながり、自分にメリットがあります。「相手が話し終わるまでは話さない」「1分話したら相手の話を聞く」などマイルールを決め、意識して会話しましょう。

一方的になっているときは止めてもらう

気をつけても、知らぬ間に一方的になってしまうこともあるでしょう。そのようなときは「いったん私が話してもいい？」「会話が脱線しているよ」などと注意してもらうように、あらかじめ頼んでおきましょう。注意されたら、いったん相手の話を聞きましょう。

会話のキャッチボールを心がける

私の意見は
○○○○○○…
そうなんですね
私は…

ポイント

「相手が話し終えるまで話さない」などのルールを作ろう
雑談など意見を求められていない場合は聞き役に
徹するのもあり

一方的になっているときは止めてもらう

話が
脱線してるよ
すみません
本題に戻します

ポイント

注意されたら、いったん相手の話を聞くなど、
素直に聞き入れよう

困りごと

22

よけいなことを言ってしまう

ASD

ADHD

特性と原因

▼相手の感情を想像できない

ＡＳＤの人は、相手の感情を想像することが苦手です。悪気なく、思ったことをストレートに発言して、相手を怒らせることがあります。

▼非言語コミュニケーションが苦手

非言語コミュニケーションとは、表情やしぐさ、声の抑揚など言葉以外での感情表現。これらから感情を読み取ることも苦手で相手の気持ちに気づきません。

▼衝動的に発言してしまう

ＡＤＨＤの人は、思ったことをよく考えずに発言してしまい、相手を怒らせることがあります。

解決のアドバイス

▼仕事に関係がないことを言わない

たとえば、相手の服装や容姿についての発言です。これらの話をしなくても、職場の人間関係は壊れません。言わなくて済むことは言わないほうが無難です。

▼正論でも言わない

間違いを指摘するのは正しいことですが、人間関係を壊してまで伝える必要はありません。相手を不快にさせずに伝えられないなら、言わないのも手です。

▼発言する前にいったん考える

難しいかもしれませんが、意識して、発言の前に本当に発言すべきかどうかを考えます。

▼失言があれば注意してもらう

悪気があって発言しているわけではないことをまず理解してもらう必要があります。そのうえで、失言があれば注意してもらいましょう。

仕事に関係がないことを言わない

前の髪型のほうが
似合ってましたね
え!?

ポイント

容姿、服装などの見た目のこと、交友関係など
プライベートに関係することはムリに話さない

周りの人へのお願い

一般的に失礼だとされる発言を悪気なくしてしまうことがあります。発達障害だからといって失礼が許されるわけではありませんが、取引先などで同様のミスをしないように注意してあげましょう

何で
あんなこと言うの!?

困りごと

23 意見をうまく伝えられない

ASD

ADHD

特性と原因

▼考えや気持ちを言語化するのが苦手

自分の考えや気持ちを頭の中で言語化することが苦手だったり、まとめるのに時間がかかったりします。

▼わかりやすい表現で伝えられない

発言がやたら小難しいなど、独特な表現で相手に伝わりにくいことがあります。また、話している最中に話題が別に移ってしまい、ダラダラと要点を得ないということもあります。

解決のアドバイス

▼紙に書き出して整理する

自分の考えや気持ちを頭の中で整理することが苦手な人は、まず紙に書き出しましょう。うまく書こうとする必要はないので、とにかく文字にします。書き出したものを整理して、箇条書きにするとわかりやすいです。完成したら、その紙を見ながら伝えましょう。

▼メールやチャットで伝える

基本的な狙いは、紙に書き出すのと同じです。口頭で伝えることが難しそうなら、メールやチャットを送ることで考えや気持ちを伝えましょう。

▼考えをまとめる時間をもらう

自分に意見を求めるときは、返答期限に余裕を持って、事前に質問事項を教えてもらうようお願いしましょう。どの程度の時間があれば回答できるのかを伝えておくとよいです。

事前にそのような取り決めがなかった場合は、「考えをまとめる時間がほしいので、回答を待ってほしい」と伝えましょう。

紙に書き出して整理する

メールやチャットで伝える

ポイント

まずは頭の中で考えていることを書き出そう
とにかく書き出して、あとから箇条書きなどで
整理します

考えをまとめる時間をもらう

困りごと

24 なれなれしいと言われる

ASD

ADHD

特性と原因

人間関係の距離がつかみにくい

一般的に、家族、恋人、友人、同僚など相手との関係性に応じて、どの程度込み入った話をするかを決定します。しかし、心理的な人間関係の距離感をつかむのが苦手なため、貯金額など、一般的には同僚に聞かないような質問をしてしまい、相手を不快にさせてしまうことがあります。逆に、心理的な距離感が非常に離れていて、よそよそしいと感じさせる場合もあります。

解決のアドバイス

仕事に関係がないことを聞かない

プライベートにかかわる話は、判断が非常に難しいです。たとえば、恋愛話は、関係性によっては同僚に相談することもありますが、関係性によってはセクハラだと言われます。

発達障害の有無にかかわらず、相手が不快に思うかどうかの判断が非常に難しいのです。プライベートな話題を通して、人間関係が構築されることもありますが、相手を不快にさせてしまうことのほうが多いのであれば、わざわざそのリスクをおかしてまで質問する必要はありません。

よけいなことを聞いたら注意してもらう

よけいな質問をしてしまったときは、率直に教えてほしいとお願いしましょう。人によって不快に思う境界線は違うので、同僚によっては「あの人はよかったけれど、この人はダメ」ということも起こります。人ごとに使い分けるのが難しければ、一度NGと言われた話題は、ほかの人にもしないのが無難です。

仕事に関係がないことを聞かない

聞かないほうが良いこと

恋愛
容姿
家族関係
お金
政治
宗教
○○党

ポイント

プライベートに踏み込んだ話題のほか、
政治や宗教など賛否が分かれる話題は避けたほうが無難

比較的無難な話題

タウン情報
テレビ番組
趣味

ポイント

「あのお店おいしかった！」などのタウン情報は間違いありません。バラエティ番組やニュースなどの時事ネタもよいでしょう。趣味の話はお互いの趣味が合わないこともあるので、一方的に話さないよう注意が必要です

困りごと

25 相手との距離が近すぎる

ASD

ADHD

特性と原因

▼物理的な距離をはかるのが苦手

前項で、ASDの人は「心理的な距離感をはかる」のが苦手と解説しましたが、同様に物理的な距離をはかるのも苦手です。

個人の心理的な安全が確保できる空間を意味する「パーソナルスペース」という言葉があります。パーソナルスペースに他人が侵入すると、人は不快感を覚えます。相手との関係性によって、パーソナルスペースの距離は変わりますが、その関係性がつかめないので、不用意に近づきすぎることがあります。

解決のアドバイス

▼120㎝以上の距離を取る

パーソナルスペースは、密接距離、個体距離、社会距離、公衆距離の4つに分かれます（左ページ参照）。

上司や同僚、取引先など仕事上の関係にある人とは、社会距離を保つことが重要です。社会距離は、テーブル越しに会話する、あるいは手を伸ばしても相手に触れることができない距離です。具体的には、120㎝以上350㎝未満です。

仕事関係の人には、120㎝以内の距離に入らないよう意識しましょう。

▼適切な距離でないときは注意してもらう

社会距離を保っていれば、基本的に問題はありませんが、無意識にパーソナルスペースに侵入してしまったときは、注意してもらうようお願いしましょう。悪意がないことを理解してもらっておくだけで、相手の受け取り方も変わります。

パーソナルスペースとは？

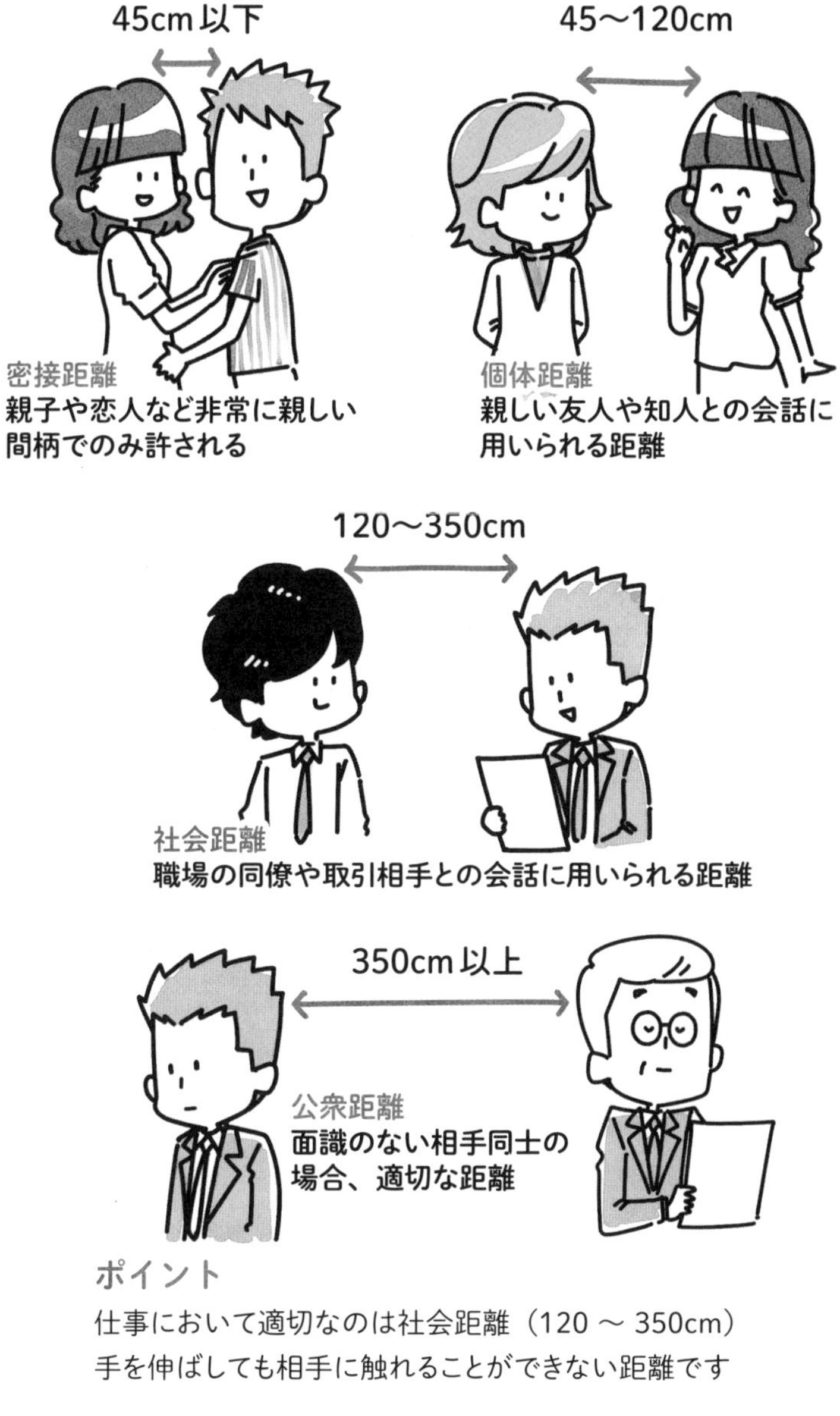
45cm 以下
密接距離
親子や恋人など非常に親しい
間柄でのみ許される
45～120cm
個体距離
親しい友人や知人との会話に
用いられる距離
120～350cm
社会距離
職場の同僚や取引相手との会話に用いられる距離
350cm 以上
公衆距離
面識のない相手同士の
場合、適切な距離

ポイント

仕事において適切なのは社会距離（120 ～ 350cm）
手を伸ばしても相手に触れることができない距離です

困りごと

26 社交辞令がわからない

ASD

ADHD

特性と原因

▼言葉通りに受け取る

社交辞令、冗談、皮肉などの婉曲的な表現を、その言葉通りの意味で受け取ってしまいます。本音と建前が理解できないともいえます。

たとえば、上司や同僚との飲み会のあと「また飲みに行きましょう」「また誘ってください」などと言われた場合、多くは社交辞令です。

もちろん、次の機会がある場合もありますが、この段階で「次も絶対に行こう」というほど、強い気持ちではないことが多いです。

飲み会が好きではない人の場合「また誘われるのか……」と憂鬱になる、「また誘わなければいけないのか……」とプレッシャーに感じることもあります。

解決のアドバイス

▼相手の言葉を真に受けすぎない

飲み会のあとに「また行きましょう」と言ったことなど、多くの人は覚えていません。それを真に受けて、精神的にしんどくなるのは損です。また行かなかったからといって、人間関係は壊れません。

▼ほかの人に社交辞令かどうか聞く

判断できない場合は、ほかの人に聞きましょう。上司や同僚、家族や友人、支援者でもよいです。

▼婉曲的な表現は避けてもらう

あらかじめ周りの人たちには婉曲的な表現が理解しづらいことを伝え、避けてもらいましょう。取引先など社外の人にはお願いしづらいので、その場合は、先ほど述べた通り、上司などに聞きましょう。

仕事でよくある社交辞令

飲み会の社交辞令

今度、飲みに行きましょう!
また誘ってください!

ポイント
具体的な日時の提案がなければ社交辞令の可能性が大

断りたいときの社交辞令

機会があれば……
前向きに検討します!
また、こちらから連絡します

「何でも」「いつでも」の社交辞令

いつでもよいからやっておいて
何でも相談してね
いつでも頼ってね

ポイント
「何でも」「いつでも」は社交辞令の可能性あり!
相手の状況を見て、マナーを守って相談しましょう
「いつでもよいからやっておいて」は「できるだけ早め」の意味です

困りごと

27

曖昧な指示が理解できない

ASD

ADHD

特性と原因

▼基準がわからないから

たとえば、次のような表現の理解が苦手です。

「適当にやっておいて」「できるだけ早めに終わらせて」「きれいに掃除しておいて」などです。

このような表現は、基準が人によって変わる曖昧な表現です。この基準が一般的な感覚とズレているため、トラブルが起こります。

解決のアドバイス

▼わからなければ確認する

「これくらい言えばわかるだろう」の基準は人によって違うので、完璧にそろえるのは難しいです。わからないときは遠慮せず聞きましょう。聞かずに作業して、結局ミスをして怒られるよりは結果的に良いでしょう。

▼具体的に指示をもらう

ＡＳＤの人にとって最もわかりやすいのは、定量的な表現です。定量とは数字で表すことです。たとえば「できるだけ早め」ではなく、「今日の15時までに」といった表現です。

以前、お皿洗いの仕事に就いた方がいました。手洗いは適当にして、あとは食洗器にまかせればよかったのですが、手洗いはどの程度すべきかが曖昧だったため、次の作業に進めませんでした。「食洗器に入れる前に、お皿の表と裏それぞれ2回ずつスポンジで磨く」という指示にすることで、クリアできました。

また、項目を明確にするのも有効です。たとえば、「適当に資料を作って」ではなく、「商品Ａの商品説明と価格を入れた資料を作って」という表現です。

具体的な指示をしてくれるようにお願いする

×
できるだけ早めに
やっておいて

○
今日の15時までに
やっておいて

ポイント
期限設定は
日時を明確に!

×
いつも通りに
やっておいて

適当に資料を
作って

○
今から作る資料は
○○と□□と△△の
内容を入れてね

ポイント
作業内容を
明確に!

×
あれ、
やっておいて

○
今日の会議の資料を
10部印刷しておいて

ポイント
指示語（こそあど言葉）
は使わない!

困りごと

28

間接的な表現が理解できない

ASD

ADHD

特性と原因

▼言葉通りに受け取る

「困りごと26 社交辞令がわからない」（P86）で述べた通り、ASDの人は言葉通りの意味で受け取ってしまいます。社交辞令だけでなく、間接的な表現も理解が難しいです。

たとえば、上司に「ポストを見てきて」と頼まれ、郵便物が届いていたけれど回収せずに、本当にただポストを見ただけで帰ってきたというエピソードがありました。上司は怒りましたが、本人は「命令を正しく遂行したのに何が悪いの？」と混乱してしまいます。

解決のアドバイス

▼相手の目的を聞く

先のエピソードで言えば、仕事上の業務として「ポストをただ見て帰ってくる」といった無意味な命令が下されるわけがありません。命令には目的があります。今回の場合であれば「郵便物を取ってきてほしい」です。目的が見えない命令をされた場合「命令の意図がわかりかねます。どういう目的で行動すればよろしいですか？」と質問しましょう。

▼正確な表現で伝えてもらう

間接的な表現ではなく、言葉通りの意味と行動の目的が一致するように伝えてもらいましょう。先のエピソードであれば「ポストを見てきて」ではなく、「ポストに郵便物が届いていたら回収して私に渡して」となります。少しセリフは長くなりがちですが、このほうが結局ムダな時間は減るため、お互い気持ちが良いはずです。

伝わらない間接的な表現

「ポストを見てきて」

えっ!
見てきました

周りの人へのお願い

「見てきて」ではなく
「郵便物を取ってきて」と
指示は正確に!

「今日は忙しいな」

今日は
忙しいな〜
おつかれさま
でーす♪

周りの人へのお願い

「今日は忙しいな」は事実を伝えているだけです。手伝ってほしいなら
「手伝って」と具体的に気持ちを伝えてください

困りごと

29

暗黙の了解がわからない

ASD

ADHD

特性と原因

▼場の空気が読めない

「暗黙の了解」とは「あえて言葉にしなくても、みんなが了承していること」です。つまり、暗黙の了解とは、場の空気を読むということですが、ASDの人の苦手事項の1つです。

仕事には多くの暗黙の了解がありますし、会社によって異なります。一例として「電話は新入社員が取る」といったものです。明確に「電話に出てください」と指示されたわけではないので、当然出ません。しかし、周りからは「みんなやっているのに、何でやらないの?」と怪訝《けげん》に思われます。

解決のアドバイス

▼どんな暗黙の了解があるのかを尋ねる

特に入社間もない頃は、どんな暗黙の了解があるのかはわかりません。働いていく中で、何となく空気を読んで適応していくわけですが、それはASDの人には難しいので、自分から「マニュアルには載っていない暗黙の了解はありますか?」と尋ねましょう。

▼ルールは明確化してもらう

ASDの人は、ルールを守ることは得意です。あえてやっていないのではなく、暗黙だからできないのです。業務上の暗黙の了解については、ルールや指示として明確化してもらうことで、取り組みやすくなるでしょう。ただ、障害の有無にかかわらず、仕事の成果と関係のない無用な暗黙の了解に困っている人は少なくありません。世の中から無用な暗黙の了解がなくなることを願います。

職場でよくある暗黙の了解

電話は新人が取る

新人なんだから
電話を取らなきゃ

上司の誘いを断らない

今日、
飲みに行くぞ!

上司が帰るまで帰れない

まだ部長、
仕事をしてるな

始業前に出社して掃除

まだ仕事、
始まってない
んだけど……

ポイント

業務上、必要な暗黙の了解はルール化してもらう。無用な悪しき暗黙の了解との付き合い方は難しい。困ったら周りの人に相談しよう

困りごと

30 感情をコントロールできない

ASD

ADHD

特性と原因

▼衝動的に感情が表に出やすい

ＡＤＨＤの特性として、怒りのような強い感情をグッとこらえることができず、衝動的に相手にぶつけてしまうことがあります。

▼自分と違う考えや価値観を許容できない

こだわりの強さはＡＳＤの特性ですが、特に「べき思考」の強い人は、他人との考えや価値観の相違を許容できません。たとえば「10分前には集合すべき」と思っている人は、５分前に着いた人を許せません。

解決のアドバイス

▼アンガーマネジメントを知る

「アンガーマネジメント」とは、怒りをコントロールする技法です。解説書やセミナーもあるので、それらで学ぶのもよいでしょう。

▼価値観は人それぞれ違うと思っておく

先の集合時間の話で言えば、相手が遅刻したのであれば怒るのもわかります。ですが、５分前到着は約束違反ではありません。「10分前に集合すべき」は、単なる個人的な価値観で他者に強要はできません。特に職場には、価値観が異なる人は必ずいます。価値観は違って当たり前と思っておき、どうしても自分が譲れないこだわりだけ、周りに理解を求めましょう。

▼Ｉメッセージで話す

「Ｉメッセージ」とは「私はこう思う」という表現です。逆に「Ｙｏｕメッセージ」は「あなたはこうだ」という表現です。Ｉメッセージを心がけると、うまく自分の気持ちを伝えられます。

郵便はがき

料金受取人払郵便

牛込局承認

9092

差出有効期限
令和7年6月
30日まで

162-8790

東京都新宿区揚場町2-18
白宝ビル7F

フォレスト出版株式会社
愛読者カード係

フリガナ お名前	年齢　　　歳 性別（ 男・女 ）
ご住所 〒 ☎　（　　　）　FAX　（　　　）	
ご職業	役職
ご勤務先または学校名	
Eメールアドレス メールによる新刊案内をお送り致します。ご希望されない場合は空欄のままで結構です。	

フォレスト出版の情報はhttp://www.forestpub.co.jpまで!

フォレスト出版　愛読者カード

ご購読ありがとうございます。今後の出版物の資料とさせていただきますので、下記の設問にお答えください。ご協力をお願い申し上げます。

●ご購入図書名　「　　　　　　　　　　」

●お買い上げ書店名「　　　　　　　　　　」書店

●お買い求めの動機は?

1. 著者が好きだから　　2. タイトルが気に入って
3. 装丁がよかったから　　4. 人にすすめられて
5. 新聞・雑誌の広告で(掲載誌誌名　　　　　　)
6. その他(　　　　　　)

●ご購読されている新聞・雑誌・Webサイトは?

(　　　　　　)

●よく利用するSNSは?(複数回答可)

□Facebook　□Twitter　□LINE　□その他(　　　　)

●お読みになりたい著者、テーマ等を具体的にお聞かせください。

(　　　　　　)

●本書についてのご意見・ご感想をお聞かせください。

●ご意見・ご感想をWebサイト・広告等に掲載させていただいてもよろしいでしょうか?

□YES　□NO　□匿名であればYES

アンガーマネジメントとは？

①６秒ガマンする

怒りのピークは最初の6秒。6秒以内に衝動的に怒ることを回避します

②怒りを記録する

日時、場所、出来事、感情、怒りの度合い(10段階）を記録し、怒りを「見える化」します

③「べき」の三重丸

許せるゾーン
まあ許せるゾーン
許せないゾーン

自分の「〜すべき」から少しずれていても許容できる範囲を広げるために出来事を3段階に分けます

Iメッセージ

そんなことをされると私は悲しいです

早くしてくれるとうれしいです

私の仕事を手伝ってくれると助かります

Youメッセージ

何でそんなことするの!!

早くしなさい!!

私の仕事、手伝ってよ!!

ポイント

相手の行動を非難するのではなく、自分の感情を伝える

困りごと

31

会議が苦手

ASD

ADHD

特性と原因

▼複数人の会話が苦手

ワーキングメモリの容量が少ないため、複数の人の発言に注意を向けるのが難しいです。また、メモも同時に取るとなると、さらにマルチタスクになります。結果、会議の進行についていけなくなります。

▼議題とズレた発言や質問をする

会議の進行についていけない、または思いついたことを衝動的に発言してしまうなどが原因で、発言や質問のタイミングがズレてしまいます。一生懸命発言したのに、周りから呆れられるということが起こります。

解決のアドバイス

▼録音する

会議内容を録音しておくと、あとから振り返ることができるので間違いがありません。

そのほか、議事録を共有してもらうのも有効です。中でもおすすめは、Ｇｏｏｇｌｅドキュメントです。Ｇｏｏｇｌｅドキュメントは、無料で利用できるウェブ上のワードのようなもので、会議参加者全員にリアルタイムで入力内容を共有できる優れものです。

ホワイトボードなどに議事録を書いている場合は、スマホで写真を撮る。Ｚｏｏｍなどを使用したオンライン会議の場合、録画すればＯＫです。

▼発言や質問はあらかじめ準備する

会議で発言する内容や質問は、事前に紙に書き出すなどして準備しましょう。議題とズレていないかも確認します。議題がわからない場合は上司などに尋ね、どのような発言が求められるか確認しましょう。

会議の内容が聞き取れない対処法

①録音・録画

② Google
ドキュメント

③写真

ポイント
聞きながら、話しながら、メモを取るのが難しい場合は
あとから振り返るための対策をしよう

発言の準備をする

①紙に書き出す

これを
話そう!

②議題を確認する

次の会議の議題は
何ですか?
準備をしておくことは
ありますか?

困りごと

32

雑談ができない

ASD

ADHD

特性と原因

▼何を話してよいかわからない

雑談は仕事上の会話より、会話の目的や理由が明確でないため難しいです。突然話しかけられても、何を返答したらよいのかわからず、困ってしまいます。

▼関心のない話題だと話せない

興味の対象が限定的なため、自分が興味のあることは一方的に話すが、興味がないとまったく話せないということもあります。

▼複数人の会話が苦手

→困りごと31 会議が苦手（P96）

解決のアドバイス

▼聞き上手になる

発言が苦手ならば聞き役に徹しましょう。うまく聞くには、笑顔で相づちを打ち、相手の発言に共感することです。さらに、質問も交えるとより良いです。

▼「仲良くしなきゃ」は捨てる

人付き合いが苦手という認識があるので「仲良くしなければ」という意識が強い人が多いです。もちろん、職場の人とは仲良くできるのが理想です。ですが、仕事で重要なことは「与えられた仕事をしっかりこなすこと」であり、「同僚と仲良くすること」ではありません。雑談をするのが苦痛であれば、無理をする必要はありません。「物静かな人だな」と思われるかもしれませんが、仕事がしっかりこなせていれば、大きく人間関係は崩れません。「雑談は苦手ですが、皆さんのことが嫌いなわけではないです」と周りに理解を求めるのもよいでしょう。

聞き上手になる方法

相づちで感情表現をする

ポイント

「機嫌が悪そうに見える」「聞いているのかわからない」と言われる場合は、相づちを打って共感と聞いている姿勢をアピールします

質問をする

ポイント

質問のコツは「深堀り」です。たとえば、相手の趣味が野球だとわかったとすると「学生の頃から、されていたのですか?」「ポジションは?」などと質問を追加します

困りごと

33 仕事を断れない

ASD

ADHD

! 特性と原因

▼人に気をつかいすぎる

「発達障害の人は空気が読めない、気がつかえない」という印象が強いでしょう。本書でもそう解説をしましたが、それは結果論で、本人は人付き合いが苦手だと自覚しているからこそ、むしろ普通の水準よりも気をつかっていたりします。結果、仕事を頼まれたり、飲み会が苦手でも誘われると断れません。

▼仕事量を把握できていない

スケジュールやタスク管理が苦手なため、本来新しい仕事を引き受けてはいけないほどの仕事量があるにもかかわらず、安請け合いをしてしまいます。期日が迫ってから、間に合わないことに気づきます。

解決のアドバイス

▼上手に断る方法を知る

これ以上仕事を引き受けられなければ断りましょう。安請け合いをして結局間に合わないより、頼む側にとってもよほど良いです。上手な断り方は「謝罪」「理由」「代替案」の3点セットで断ることです。

▼指示系統を一元化してもらう

複数の人からバラバラに仕事を依頼される場合、それぞれの人は自分の仕事量を把握してくれてはいません。自分で調整できればベストですが、難しい場合は指示系統を一元化してもらいましょう。指示系統を一元化するとは、仕事の依頼は自分に直接せず、いったん特定の上司に集め、仕事量を調整して依頼してもらうことです。

上手に断る方法×3

①感謝、謝罪の気持ちを添える

②理由を添える

③代替案を提案する

仕事を頼まれたとき

明日までに
資料を作って
おいて
申しわけございません
今業務が立て込んで
おり、明日までに完成
させるのは難しいです
3日後なら可能です
いかがでしょうか?

飲み会に誘われたとき

今日飲みに
行こう!
お誘い
ありがとうございます
本日は予定があります
ので、またお誘いいた
だけるとうれしいです

困りごと

34 礼儀作法がわからない

ASD

ADHD

特性と原因

▼いつどのような場面で必要かわからない

相手の感情を読み取るのが苦手なので、お礼や謝罪など一般的なマナーの知識は持っているものの応用が利かず、どのような場面で使うべきかがわからなかったりします。

▼必要性を感じていない

なぜ朝は「おはようございます」と言わなければいけないのか、必要性を感じていないので挨拶ができないことがあります。

▼関係性を理解しづらい

上司と部下といった社会的な関係が理解しづらいことがあります。上司に敬語が使えず、友だちのように接してしまいます。

解決のアドバイス

▼挨拶をする場面を知ろう

挨拶は人間関係を良好に保つために非常に重要です。挨拶をすることで、自分が働きやすい環境を作れます。たとえば、自分が困っているときに気持ちよく助けてくれるなどです。人は好きな人以外、進んで助けようとはしません。ですから、挨拶することにはメリットがあるのです。どのような場面で、どのような挨拶が必要なのかを理解しておきましょう。

▼全員敬語でもOK

敬語を使うべき人とそうでない人の区別がつかなければ、全員に対して敬語を使いましょう。敬語は、心理的な距離感を感じさせますが、人間関係を大きく崩しません。敬語を使うべき人に使わないより無難です。

SST（ソーシャルスキルトレーニング）とは

SST（ソーシャルスキルトレーニング）は他者と良好な人間関係を築き、社会適応力を上げるためのトレーニングです。場面に応じた社会人としての立ち居振る舞いがわからない場合に有効です。

対人関係の知識　他人の感情の理解　自分の考えの伝え方　対人関係のトラブル解決

全員敬語でもOK

おはようございます
今日もよろしくお願いします
おはようございます
こちらこそお願いします

ポイント

使い分けが難しいなら全員に敬語が無難

COLUMN

職場実習のすすめ

長期的な安定就労のためには、自分の障害特性と必要な配慮を理解し、就職する前に会社に伝え、マッチングを図ることが重要です。

それが重要なのは間違いありませんが、小一時間の面接で、互いに深く理解し合うのは不可能だと思います（障害者雇用に限った話ではありませんが）。

互いの理解を深め、ミスマッチを減らす最も有効な手段が職場実習です。職場実習は、実際にその会社の業務を体験できるので、イメージが湧きやすく、自分の能力でできそうかどうかの判断を誤りにくいです。また、会社も求職者から求められた配慮に対応できそうかどうかなど、正確に評価できます。お互いの理解が深まったうえで、採用の可否が決まり、自分も働くかどうかを判断できるので「こんな仕事だと思っていなかった……」というミスマッチを減らせます。実は、障害者雇用では、職場実習を実施している会社は珍しくありません。ぜひ、積極的に活用してください。第5章でくわしく解説します。

また、第7章では、私が運営する就労支援施設の卒業生インタビューで、多くの卒業生が実習の有用性を語ってくれています。自分では、なかなか実習の段取りができないと感じる人は、実習あっせんをしてくれる支援機関を頼ってみましょう。

第4章

「仕事の困った」はこう解決する③

仕事の準備&心がまえ編

困りごと

35 遅刻が多い

ASD

ADHD

特性と原因

▼時間の見通しを立てるのが苦手

普通は「9時に出社するには、移動に何分必要で、身支度には何分必要で……」と逆算して起床時刻を決めますが、時間の見通しを立てるのが苦手で、必要な時刻に必要な行動が取れず、気づくと遅刻しています。

▼朝起きられない

睡眠に何らかのトラブルを抱えている人も少なくありません。夜眠れないので、朝起きられない。睡眠の悪循環が遅刻に影響します。

▼無くし物が多い

朝出発しようとするとスマホがない、家の鍵がないなど無くし物が多く、探している間に時間がすぎて、遅刻してしまいます。

解決のアドバイス

▼朝のスケジュールをルーティン化する

時間の見通しを立てるのが苦手なら、会社に着くまでのスケジュールを細かく作りましょう。遅刻せずに間に合うスケジュールが作れたら習慣化し、その通りに行動します。

▼無くし物対策のアイテムを使う

スマホや鍵など、よく無くしがちなものには、無くし物対策をしましょう。キーファインダーというアイテムは、鍵などに取り付けることで、置き場所がわからない際、音やスマホへの通知で確認できます。スマホの紛失対策には、スマートウォッチや紛失防止のアプリが有効です。アナログな対策としては、キーチェーンやストラップなども有効です。

朝のスケジュールのルーティン化

Aさんのルーティン

7：00	起床
7：05	歯みがき
7：10	服を着替える
7：15	朝食
7：30	お弁当準備
8：00	持ち物チェック
8：10	出発

ポイント

完全にルーティン化されるまでは、紙に書き出して貼り付けておく

無くし物対策

出発前の無くし物で遅刻しがちな場合はアイテムを使おう

①キーファインダー

②スマートウォッチ

③キーチェーン

困りごと

36 忘れ物が多い

ASD

ADHD

特性と原因

▼不注意の特性が強い

ＡＤＨＤの不注意の特性が強い人によく見られる代表的な困りごとの1つです。仕事に必要な物を持って行くのを忘れる、職場や出先で取り出した物を持って帰って来るのを忘れるなどが起こります。

解決のアドバイス

▼出発前のチェックリストを作る

仕事に必要な物のチェックリストを作り、出発前にチェックしましょう。紙に書いて玄関に貼り付けておきましょう。チェックリストボードやキーホルダータイプの物も販売されています。スマホアプリを活用する方法もあります。

▼仕事用のバッグは1つにする

オシャレ目的などでバッグを変えたい気持ちはわかりますが、忘れ物が増える大きな原因です。仕事に必要な物は、仕事用バッグの中に入れたままにし、家で入れたり出したりしないようにします。

また、仕事以外でも使用する物はバッグから出さざるを得ませんが、2つ用意することで回避できます。たとえば、家の鍵は仕事用と私用の2つを持てば、休みの日に取り出して、休み明けの出勤時になくしてしまうこともありません。化粧ポーチなども同様です。

▼出したらバッグに戻す

使ったらデスクなどに置きっぱなしにせず、バッグの中にしまうクセを付けましょう。出発前のチェックリストをバッグにも入れ、出発するときと同じ物が入っているのを確認してから退社すると効果的です。

忘れ物対策

出発前チェックリストを作る

仕事用のバッグは１つに

ポイント
できるだけ家で物を入れたり
出したりしない

出したら
バッグに戻す

持ち物を減らす

ポイント
キャッシュカード、交通系ICカードなどは手帳型のスマホケースに収納することで一元管理

困りごと

37 先延ばしにしてしまう

ASD
ADHD

！特性と原因

▼苦手なことに取り組めない

苦手なことや課題が山積みだと「やる必要があるのはわかっているけれどおっくうで取りかかれない……」という人が多いです。

▼別件に対応しているうちに忘れる

上司から急な仕事を頼まれる、取引先からメールで急な依頼が来るなど別件に対応しているうちに、本来取り組むはずだった仕事を忘れてしまいます。

▼時間の見通しが甘い

見通しが甘く、気づくと期限切れということもあります。（→困りごと1 期日を守れない（P34））

解決のアドバイス

▼とりあえず始めてみる

苦手意識や目の前の課題の多さにおっくうさを感じて、取りかかれない気持ちはわかりますが、おっくうなのは始める前です。「とりあえず15分やろう」など、小さい目標を設定して始めるクセをつけましょう。

▼気が散らない環境を作る

突然仕事を依頼され、臨機応変に対応することがそもそも苦手です。依頼は事前にしてもらい、可能な限り予定が崩れないよう配慮してもらいましょう。

取引先からの連絡は、依頼の期限を確認しましょう。今すぐ取りかかる必要のない仕事であれば、ＴｏＤｏリストに記入し、いったん目の前の仕事に集中します。

クレーム処理など緊急度の高い連絡の場合、優先順位が変わるかもしれません。判断ができない場合は上司に相談します。

先延ばし対策

とりあえず始めてみる

とりあえず
15分やろう！

ポイント

小さな目標を設定したり、タスクを細分化することで達成感を得られやすくなるようにしよう

気が散らない環境を作る

緊急性の低い依頼はToDoリストへ

承知しました
いったんメモ…

割り込み依頼を避けてもらう

この仕事が終わったら、
次の仕事を頼むね
わかりました

困りごと

38 興味のないことに取り組めない

ASD

ADHD

特性と原因

▼興味が限定的

興味のあることには高い集中力やパフォーマンスを発揮する一方、興味のないことにはしっかり取り組めないという人が多いです。

解決のアドバイス

▼ゲーム感覚で取り組む

業務内容以外の部分に、楽しく取り組めるような気持ち面の工夫をします。一例としては、ゲーム感覚で作業に取り組む方法です。ゲーム感覚というと「仕事なのに不謹慎」と思われるかもしれませんが、あくまで自分の心の中の話で、仕事は当然しっかりこなしますし、実際に有効です。

たとえば「この作業を5分でできるようになった」「新しい業務を覚えた」場合は、レベルアップした（自己成長の達成）と考える、あるいは「ここまでできたら報酬ゲット」などとゴールを設定します。報酬は、自分へのご褒美として「ケーキが食べられる」など好きなものを設定しましょう。

▼興味の持てる業務に変えてもらう

ほかに興味の持てる業務、高いパフォーマンスを発揮できそうな業務があれば、部署や担当業務の変更、役割分担をお願いしましょう。

もちろん会社の意向や都合もあるので、必ず聞き入れられるかどうかはわかりませんが、人材を有効活用したい気持ちは、どの会社も同じです。そのほうが会社にとってもメリットがあると示せれば、検討の余地はあると思います。

ゲーム感覚でモチベーションアップ

自己成長=レベルアップ　　ご褒美=報酬ゲット

新しい
スキルを
覚えた!

がんばった
自分に
ご褒美

作業効率=競争意識

よし!
どちらが早く
終わるか勝負!

興味の持てる業務に変更

ありがとう
ございます
君が力を
発揮できそうな
仕事に変更しよう

困りごと

39 身だしなみを注意される

ASD

ADHD

特性と原因

▼興味のないことに無頓着

ＡＳＤ傾向の人は興味のないことに無頓着になりがちで、服のしわ、髪のボサボサが気になりません。

▼場に合った服装がわからない

ＡＳＤ傾向の人は、ＴＰＯを考えることが苦手です。服装規定など明確な基準がないと、正しい服装がわかりません。

▼身だしなみまで気が回らない

ＡＤＨＤ傾向の人は身支度がバタバタしすぎて身だしなみまで気が回らないことが多いです。（↓困りごと35 遅刻が多い（Ｐ106））

解決のアドバイス

▼仕事用の服装は固定する

よけいな迷いや意思決定を減らすために、仕事の服装は固定しましょう。スティーブ・ジョブズ（アップル創業者）も黒のタートルネックとジーンズだけを着用したことは有名です。同じ服装を複数着用意して着まわします。毎日同じ服装がイヤならば、３セットほどコーディネートを決めて、ルーティンで着まわします。

▼服装規定を明示してもらう

会社によって服装の考え方は違います。スーツの着用は必須なのか、どの程度ラフな格好でよいのかなどを確認しましょう。実際に写真などを用いてＯＫ・ＮＧを判断してもらうとよりわかりやすいです。可能であれば、服装規定を明示してもらいましょう。ユニフォームが決まっている会社を除き、ＯＫ・ＮＧの微妙な感覚を理解するのが面倒ならばスーツが無難です。

仕事用の服は固定する

ポイント

季節に合わせた仕事着を3セットほど準備しましょう
服装に迷う時間もなくなり一石二鳥です

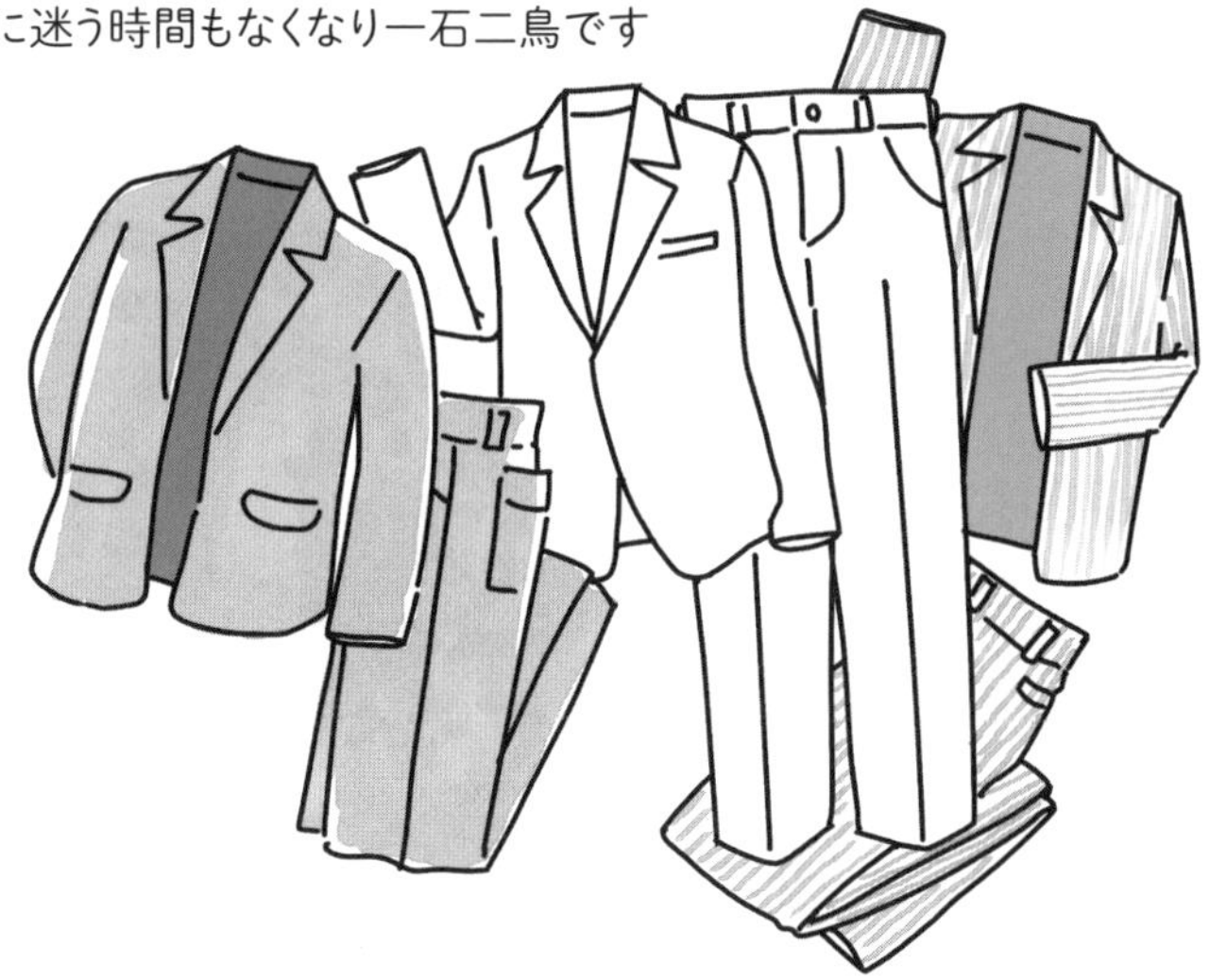

服装規定を明示してもらう

服装のルールを
まとめているから
確認してね
わかりました

ポイント

「オフィスカジュアルOK」のような会社が最近は多くなってきましたが、微妙なニュアンスがわからなければスーツでOKです

困りごと

40 雑音や光が気になる

ASD

ADHD

特性と原因

▼感覚過敏がある

感覚過敏とは、外部からの刺激を脳が過敏に受け取ってしまい、強い苦痛や不快を感じることです。聴覚過敏、触覚過敏、視覚過敏、嗅覚過敏などがあります。たとえば、蛍光灯やPCの光で疲労や痛みを感じる、雑音や会話が気になり集中できない、タバコ、化粧品などの匂いが気になり体調を崩すなどです。

解決のアドバイス

▼過敏をやわらげるアイテムを使用する

自分の感覚過敏の特性に合わせて、過敏をやわらげるアイテムを使うのが有効です。

○蛍光灯などの光が気になる → サングラスを着用する

○匂いが気になる → マスクを着用する

○雑音が気になる → ノイズキャンセラーなどを使う

▼環境を整えてもらう

会社の環境や業種によって整えられる環境に限界はありますが、次のような環境調整が考えられます。

○周りの雑音や会話が気になる → 静かなスペースで作業をさせてもらう

○周りの動きや視線が気になる → デスクにパーティションを設置する

○匂いが気になる → 香水の利用を控えてもらう

費用がかかることもありますし、相手の嗜好（タバコなど）をやめさせるのも難しいでしょう。「可能な範囲で調整してほしい」という感じで頼みましょう。

感覚過敏をやわらげるアイテム

視覚

サングラス

嗅覚

マスク

聴覚

ノイズ
キャンセラー

ポイント
まずは使用の許可を上司にお願いしましょう

環境を整えてもらう

静かなスペース

デスクパーティション

困りごと

41

疲れやすい

ASD

ADHD

特性と原因

▼人間関係を気にしすぎる

上司や同僚に自分がどう思われているか気にしすぎて疲れる場合があります。飲み会やランチ、雑談も疲労の原因になります。

▼こだわりが強い

与えられた仕事を自分が決めた基準で完璧にこなしたい気持ちが強すぎて疲れる場合があります。素晴らしいことですが「抜くところは抜く」ができません。

▼感覚過敏がある

→困りごと40 雑音や光が気になる（P116）

▼過集中状態になる

→困りごと42 疲れに気づきにくい（P120）

▼睡眠トラブルがある

→困りごと43 夜眠れず朝起きられない（P122）

解決のアドバイス

▼人間関係を気にしすぎない

人間関係を良好に保つことは大切ですが、家族や恋人、友人ではないので、好かれなくても大丈夫です。「あの人とは気が合わないな」と思われても、仕事に支障がなければＯＫです。その程度の関係性の人が職場にいるのは普通です。「みんなに好かれなければ」という気持ちは捨てて、ゆとりを持ちましょう。

▼これでOKの基準を作ってもらう

仕事の質を追求するのは良いことですが、疲労が溜まり、体調を崩して働けなくなっては元も子もありません。時間で区切る、作業のゴールを設定するなど、基準を明確にしてもらえると良いバランスで働けます。

人間関係を気にしすぎない

周りにちゃんと
合わせないと……
みんなと仲良く
しないと……

ポイント

発達障害の人は「仲良くしないと」「周りに合わせないと」と気持ちが張り詰めている人が多いです。仕事を断れないのも同様の理由からです。「過剰適応」といわれたりします

職場の関係を理解する

仲良し
でなくてOk

自分の意見も大切にする

なるほど
私は〇〇のほうが
良いと思います

ポイント

自分の意見も相手の意見も大切にするコミュニケーション技法を「アサーション」といいます。苦手な人は学んでみましょう

困りごと

42 疲れに気づきにくい

ASD

ADHD

特性と原因

▼過集中状態になる

過集中とは、集中しすぎる状態のことです。集中するのは良いことですが、休憩を取るのを忘れて仕事に取り組んだりします。集中しすぎるため「頭が痛い」「体がだるい」など、疲労のサインに気づきません。しかし、疲労は確実に溜まるので、集中が切れた際、疲れがドッと押し寄せます。

また、疲労ではありませんが、過集中によって周りが話しかけても気づかないことがあります。「無視をされた」と不快に思われ、人間関係に問題が発生します。

解決のアドバイス

▼休憩を小刻みに取る

過集中は、パフォーマンスが上がる良い面もありますが、やはり適度な休憩は必要です。1時間に1回、5分程度の小休憩を取りましょう。いったん過集中状態になると、自分で時間に気づいて休憩するのは難しいため、スマホのアラートを設定しましょう。休憩時間がきたら、ストレッチなど簡単に体を動かす、栄養や水分を補給し、疲労対策をしましょう。

▼声をかけてもらう

過集中の程度によってはアラートに気づかないこともあります。そのような場合は、周りの人に声をかけてもらう、肩を叩いてもらうなどお願いしておくとよいでしょう。あらかじめ周りの人たちの理解を得ておくようにすると、人間関係問題の対策にもなるので、より安心です。

休憩を小刻みに取る

休憩の時間だ！

ポイント

休憩時は栄養や水分を補給して疲労対策をしよう

声をかけてもらう

そろそろ休憩の時間だよ
そうですね

ポイント

過集中により、話しかけられても気づかない場合もあります
「無視している」などと思われないように、事前に説明しておきましょう

困りごと

43 夜眠れず朝起きられない

ASD

ADHD

特性と原因

▼睡眠障害を併発している

発達障害の人の半数以上が、睡眠の問題を抱えているといわれています。寝つきが悪い、途中で目が覚める、朝起きられない、昼夜逆転、疲労が取れないなど、さまざまな症状があります。遅刻や体調不良につながります。特にADHDは「ナルコレプシー」という過眠症の併発率が高く、日中に強い眠気を感じ、仕事中に居眠りをしてしまうことがあります。

解決のアドバイス

▼生活リズムを整える

規則正しい食事、運動の習慣を身に付ける、入眠と起床時刻を一定にするなど規則正しい生活を心がけましょう。生活リズムを一定にするために、仕事もシフト制ではなく、固定の時間で働くことが好ましいです。また、ゲームや動画などで夜ふかししてしまう人は注意しましょう。集中しすぎて気づいたら朝方……なんてことが続くと悪循環です。ゲームなどは、アラートをかけて時間を区切る、夜ではなく朝早く起きてやるなど工夫しましょう。

▼睡眠環境を整える

眠りやすい環境を整えましょう。具体的には、「温かい飲み物を飲む」「ぬるめのお風呂に入る」「室温や湿度を整える」などです。

▼医師に相談する

生活リズムや睡眠環境で改善しなければ、医師に相談しましょう。睡眠外来、精神科、心療内科を受診します。薬物療法などの治療による改善が期待できます。

生活リズムを整える
食事
運動
睡眠

ポイント

規則正しい生活リズムを心がけるほか、日中に寝ないことや適度な疲労を感じられるようにすることで眠りやすくなります

快適な部屋
温かい飲み物
ぬるめのお風呂
アロマ
ストレッチ
ツボ

ポイント

眠る前のカフェイン、アルコールの摂取、スマホは避けましょう
どうしても眠れないときは医師に相談しましょう

COLUMN

特例子会社って？ トライアル雇用って？

特例子会社とは？

特例子会社とは、障害者の雇用促進と安定を図るために設立された会社のことです。大手企業の子会社であることが一般的です。特例子会社は、障害者の人数が全従業員の20%以上と定められています。一般的な企業の障害者雇用の法定雇用率は2.3%（令和5年現在）なので、特例子会社のほうが圧倒的に障害者の人数（割合）が多いです。自分と似たような境遇の人と交流したり、助け合えるのはメリットです。

そのほか、設備などの環境面やジョブコーチなど安定就労を図るための専門スタッフの配置、比較的容易な業務が多いなど、働きやすい環境が整っています。

もちろん、一般的な障害者雇用と比べ、必ずしも特例子会社のほうが良いわけではありませんが、障害者雇用で働くことを考えている人は検討しましょう。

トライアル雇用とは？

障害者トライアル雇用とは、仕事が長続きしない、ブランクが長いなど、就職が困難な障害者を原則3カ月間お試し雇用することにより、業務内容の適正を見極める、求職者と会社がお互いに理解を深めることで、継続雇用を目指す制度です。

本採用を前提とした制度のため、トライアル雇用終了後の継続雇用率は、8割を超えます。

職場実習同様、実際に業務に携わることで、向き不向きが判断できたり、職場の雰囲気を感じられます。職場実習よりも期間が長いことが多いので、よりじっくり判断できます。さらに、実習ではなく雇用なので給与もあります。就労移行支援と並行利用できるので、いきなり就職するのが不安な人は検討しましょう。ハローワークの窓口などで紹介してもらえます。

第5章

自分にぴったりの会社を見つける方法

発達障害者の働き方

オープン就労とクローズ就労

自分の障害を会社に開示して働くことを「オープン就労」といいます。反対に、開示せずに働くことを「クローズ就労」といいます。

障害を開示して働くかどうかは、障害者が選択できる権利です。どちらの働き方のほうが良いということではなく、自分がどんな働き方を望んでいるか、それぞれのメリットとデメリットを考えて決定する必要があります。

一般雇用と障害者雇用

「一般雇用」の求人は、障害者手帳の有無にかかわらず応募することができます。

それに対し、「障害者雇用」の求人は、障害者手帳を所持している人だけが応募できる特別な求人です。

勘違いされている方がいますが、障害者だから一般雇用の求人に応募できないわけではありません。障害者はどちらも応募可能です。

福祉就労

「福祉就労」は、現時点では、一般雇用や障害者雇用で働くことが難しい方が、障害福祉サービス等の中で、就労の機会を得る働き方のことをいいます。

具体的には、就労継続支援A型事業所、就労継続支援B型事業所、地域活動支援センターといった施設で働きます。

働き方の組み合わせ

さて、ここまでで解説したオープン就労とクローズ就労、一般雇用と障害者雇用を組み合わせると、次の4つの働き方のパターンがあることがわかります。

❶ 一般雇用×クローズ就労

障害者手帳の有無にかかわらない雇用枠で、障害を開示せずに働く方法です。

❷ 一般雇用×オープン就労

障害者手帳の有無にかかわらない雇用枠で、障害を開示して働く方法です。

❸ 障害者雇用

前述の通り、障害者手帳を所持している人だけの雇用枠で働く方法です。障害者雇用は、障害があることが前提の募集ですので、必然的にオープン就労になります。

❹ 福祉就労

前述の通り、就労継続支援等で働く方法です。障害者が利用できるサービスですので、必然的にオープン就労になります。

それぞれの働き方のメリットとデメリット

4つの働き方のそれぞれにどんなメリットとデメリットがあるのかを確認しましょう。

❶ 一般雇用×クローズ就労

（メリット）

・障害者雇用と比べると賃金が高いことが多い
・さまざまな職種の求人が見つかる
・パートや短期雇用などさまざまな雇用形態がある
・職場内の偏見の目を気にする必要がない

（デメリット）

・障害に対する配慮が一切得られない
・業務がマルチタスクになりやすい

・求職活動に支援者のサポートが得られない
・就職後も支援者と会社がかかわることができない

❷ 一般雇用×オープン就労

（メリット）
・障害者雇用ほどではないが配慮が得られる
・障害者雇用と比べると賃金が高いことが多い
・さまざまな職種の求人が見つかる

（デメリット）
・なかなか採用に至らない可能性がある
・業務がマルチタスクになりやすい

❸ 障害者雇用

（メリット）
・さまざまな障害者の就労支援サービスが受けられる
・配慮が得られる
・業務内容が比較的やさしいものが多い

（デメリット）
・一般雇用と比べると賃金が低いことが多い

・一般雇用と比べると職種が偏っている
・障害者手帳がないと働けない
・基本的に週20時間以上の労働が必要

④福祉就労

（メリット）

・一般雇用と比べて採用（利用可能）となりやすい
・より個人の体調や能力に合わせた就労が可能
・A型の場合、雇用契約が結ばれる（最低賃金の保証）

（デメリット）

・役所で利用申請の必要がある
・利用料の負担が発生する場合がある
・満足のいく収入は得られにくい

自分に合った働き方は？

❶一般雇用×クローズ就労

この働き方は「障害者として働かない」という選択です。障害を開示しないので、当然一切の配慮は得られません。ですので、次のような条件が整っている人がおすすめです。

・障害の程度は比較的軽度である
・会社に配慮を求める必要はない
・職場問題を支援者の介入なく解決できる
・その仕事で求められるスキルを備えている

❷一般雇用×オープン就労

一般雇用は、障害者も応募可能ですが、健常者の中に混ざって選考されるので、採用されにくいのが最大のネックです。

また、一定の配慮は得られますが、障害者雇用の職場に比べると、障害への理解が低い可能性があります。

・一定の配慮や支援者のフォローは欲しい
・自分が望む職種が障害者雇用にはない
・不採用になることを前提に就活できる（精神的に）

❸障害者雇用

障害者を採用することを前提にした応募なので、職場環境や業務の配慮は整っている可能性が高いです。

ただし、賃金は一般雇用に比べると低いことが多く、また職種の選択肢が少ないです。

・賃金よりも働きやすさを重視したい
・配慮なしでは安定就労することが難しい
・ルーティンワークや単純作業など比較的やさしい業務の会社で働きたい
・支援者にフォローしてほしい

❹ 福祉就労
・現時点では一般雇用等で働くのは難しい
・一般雇用等での就労に向けて、段階的にステップアップしたい

障害者雇用で働くためには？

障害者雇用とは？

「障害者雇用」とは、企業や自治体などが障害者だけが応募できる特別な採用枠で障害者

を雇用することをいいます。

企業等の法人は、「障害者雇用促進法」という法律で合理的配慮が義務付けられています。合理的配慮とは、障害のある方とない方の均等な機会や待遇の確保をすること、また障害者が能力を発揮できるよう職場環境等を整えることです。障害者雇用では、この配慮を手厚く受けやすいのが最大の特徴です。

また、障害者雇用率制度では、一定以上の規模の企業等の場合、一定以上の割合で障害者を雇用することが義務付けられています。従業員43・5人以上の民間企業の場合、2・3％が法定雇用率となります（令和5年現在）。

障害者雇用で働く条件

❶ 障害者手帳の取得

障害者雇用で働くためには、障害者手帳の取得が必要です。手帳の種類は問われません。手帳には次の種類があります。

- ・身体障害者手帳（身体障害）
- ・療育手帳（知的障害）
- ・精神障害者保健福祉手帳（精神障害）

発達障害者は、精神障害者保健福祉手帳（以下、精神障害者手帳）の対象となります。
発達障害と知的障害を合併している人は、療育手帳を取得するのが一般的です。

❷ 週20時間以上の勤務

これは障害者手帳と違い、明確な決まりではありません。しかし、企業等が前述の法定雇用率として算定するには決まりがあります。

・週30時間以上の労働者……1人とカウント
・週20時間以上30時間未満の労働者……0・5人とカウント
・週20時間未満の労働者……0人とカウント
（細かい決まりはほかにもありますが割愛します）

つまり、週20時間未満の労働時間の障害者を雇用しても、企業側は雇用率に算定できません。そのため、多くの場合は、最低でも週20時間以上の勤務が求められます。企業によっては30時間以上が求められる場合もあります。もちろん、週20時間未満であっても「段階的にステップアップすれば良い」と言ってくれる企業もあります。

よって、あきらめる必要はありませんが、基本的には週20時間以上の勤務が可能な状態（体調など）になってからの就労が望ましいです。

障害者手帳の取得

発達障害者は、精神障害者手帳の対象であることは解説しました。手帳の申請は、お住まいの区市町村の役所の福祉関係の窓口で行ないます。一般的には、申請には次のものが必要です（詳しくはお住まいの区市町村に確認してください）。

・申請書
・医師の診断書
・本人の写真
・マイナンバーのわかるもの

精神障害者手帳の注意点は、手帳申請の起因となる障害の初診日から6カ月以上経過したあとの診断書が必要であることです。

また、手帳の交付には申請から1〜2カ月程度かかるのが一般的です。

つまり、現時点では「発達障害かも？」と思っているが受診したことがない人の場合、すぐに受診して診断をもらい、手帳の申請を行なったとしても、手に入るのは約7〜8カ月後ということです。

☑ 障害者雇用の求人の探し方

❶ハローワーク

ハローワークは、厚生労働省が運営する職業安定所です。職業紹介のほか、就職相談や失業保険の手続きなども行なっています。

障害者雇用には、専用の窓口が設けられています。障害について専門的な知識を持った担当者が在籍しており、きめ細かいサポート体制が整っているのが特徴です。まだハローワークを利用したことがない人は、まず窓口に出向き、求職申込書に記入します。そうすると、ハローワークカードを渡され、求職活動の準備が整います。

❷求人サイト

障害者雇用を専門にした求人サイトがあります。意外とたくさんの求人サイトがあり、どれを利用すればよいか判断が難しいです。障害者雇用は一般雇用と比べ、求人数が少ないので、最も重視したいのは求人数です。

デメリットは、就職サポートがないことですが、次に紹介する転職エージェントも兼ねているサイトの場合、より安心です。

❸転職エージェント

転職エージェントは、人材紹介会社のことで、企業と求職者をマッチングしてくれるサービスです。障害者雇用専門の転職エージェントもあります。

転職エージェントを利用すると、キャリアアドバイザーが担当者としてついてくれ、自分の希望する条件の求人の紹介や、就職相談、応募書類の添削、面接日の調整などのサポートを行なってくれます。1人で就職活動を進める自信のない人がぜひ使いたいサービスです。

対象地域が全国で、求人数の多いおすすめの転職エージェントには次のようなものがあります。

・dodaチャレンジ

・atGP

・LITALICO仕事ナビ

❹ 合同説明会・面接会

障害者雇用専門の合同説明会や面接会も行なわれています。ハローワークや都道府県・区市町村、民間企業などが開催しています。

合同説明会などのメリットは、1日に複数の企業の説明や面接を受けられることです。お住まいの地域の説明会などは、インターネットで検索したり、役所、ハローワークなどで確認しましょう。

※この項で紹介したサービスなどは、177ページのリンク集からアクセスしてください。

発達障害の人が受けられる就労支援

☑自分に必要な支援は何？

発達障害者が受けられる就労支援にはさまざまなものがあります。それぞれの特性を理解し、自分に必要な支援機関を選びましょう。

☑すぐに就職したい人

❶ ハローワーク

前項でも紹介したハローワークは、主に求人紹介をしてくれます。障害者雇用専門の窓口もあり、応募書類や職種選びの相談やアドバイスをしてくれます。

❷ 就労継続支援A型・B型

就労継続支援は、「福祉就労」と呼ばれ、一般企業などに就職するのが難しい人を対象に、障害福祉サービスの中で、就労の機会を得ることを目的としています（福祉就労のメリット・デメリットは130ページを参照）。

就労継続支援A型とB型の違いは次の通りです。

（雇用契約）

・A型　あり（最低賃金の保証）

・B型　なし

（平均月収）

・A型　7万9625円

・B型　1万5776円

※参照：厚生労働省　令和2年度工賃（賃金）の実績について

（年齢制限）

・A型　18歳～65歳未満

・B型　制限なし

就職に向けて準備を整えたい人

❶ 地域障害者職業センター

地域障害者職業センターは、障害者に専門的な職業リハビリテーションを行なう機関です。全国の都道府県に最低1カ所は設置されています。また、利用料は無料で、障害者手帳がなくても利用できます。基本的な利用期間は、3カ月程度なので、早期の就職や復職が見込める人におすすめです。

次のような支援を受けることができます。

（職業評価）

就職の希望などをヒアリングしたうえで、職業適性を評価してくれます。それらをもとに、個人の状況に応じた職業リハビリテーション計画を作成してくれます。

（職業準備支援）

事務、軽作業などの実務訓練やJST（職場対人技能訓練）、履歴書作成、面接練習などの講座を通し、就職の準備を整えます。

（リワーク支援）

リワークとは、うつ病などで休職中の人が、職場に復帰することをいいます。会社や主治医と連携しながら、職場復帰に向けての支援を行なってくれます。

（ジョブコーチ支援）

障害者の安定雇用に向けて、本人と企業の両方に、必要なアドバイスや援助を行なってくれます。ジョブコーチという専門的な資格を持ったスタッフが担当します。

支援機関は3〜6カ月程度です。

❷ 職業訓練（ハロートレーニング）

職業訓練は、就職に役立つ知識やスキルを身に付けることができる公的な制度です。ハローワークの窓口で申込手続きを行ないます。基本的に利用料は無料ですが、テキスト代や一部利用料が必要な場合があります。

職業訓練には、失業保険を受給できる求職者を対象とした離職者訓練と受給できない求職者を対象とした求職者支援訓練があります。また、障害者を対象とした障害者訓練もあります。

コースの内容はさまざまで、都道府県によって異なります。一例として次のようなスキルを身に付けることができます。実践的なスキルを身に付けたい人におすすめです。

・ワードやエクセル
・日商簿記
・CADソフト
・イラストレーターやフォトショップ
・HTMLやCSS
・事務補助（電話応対やメール）

❸ 就労移行支援

就労移行支援は、障害福祉サービスの1つで、一般企業などへの就職を目指す障害者の支援を行ないます。前述の地域障害者支援センターと支援内容は似ていますが、利用期間が原則最大2年間である点が大きな違いです。地域障害者支援センターは約3カ月なので、もう少しじっくりと就職を目指したい人は、就労移行支援がおすすめです。逆に言えば、2年間での就職が難しいと感じる場合は、就労継続支援や自立訓練などからスタートするとよいでしょう。利用料は、前年度の世帯収入によっては、一部自己負担が発生します。

サービスの内容は施設によって異なりますが、次のようなものが一般的です。

・体調や生活リズムの安定に向けた支援
・SST（ソーシャルスキルトレーニング）
・職業スキル（軽作業やPCなど）の向上支援
・職場実習のあっせん
・就職活動の支援
・就職後の職場定着支援

就労移行支援の利用は、お住まいの区市町村の福祉窓口で行ないます。利用する施設がわからない場合も同様です。また、インターネットなどで検索する場合は、次のようなポータルサイトもあります。

・WAM NET

・LITALICO仕事ナビ

❹ 障害者就業・生活支援センター

障害者就業・生活支援センター（通称：就ぽつ、なかぽつ。以下、就ぽつ）は、障害者の就業面と生活面における一体的な支援を行なう機関です。企業、福祉施設、保健所、医療機関、教育機関などと連携してくれます。全国に300カ所以上設置されており、利用料は無料です。

次のような支援をしてもらえます。

（就業訓練）

・職業準備訓練や職場実習のあっせん

・就職活動の支援

・職場定着支援

・関係機関との連携

（生活面での支援）

・生活習慣、健康管理、金銭管理などの自己管理に関するアドバイス

・住居、年金、余暇活動などの地域生活や生活設計に関するアドバイス
・関係機関との連絡調整

※この項で紹介した支援機関などは、177ページのリンク集からアクセスしてください。

障害者雇用の面接に向けての準備

障害特性と配慮を明確にしよう

障害者雇用の採用において最も重要なのは、次の2つです。

❶ 業務内容は、求職者の能力や障害特性とマッチしているか
❷ 求職者が求める配慮に対応可能と企業が判断するか

❶については、選考過程の中に職場実習がある求人をおすすめします（詳しくは104ペー

ジのコラム参照）。

ここでは❷をメインに解説します。「障害者雇用とは？」（132ページ）で「企業等は『障害者雇用促進法』という法律で合理的配慮が義務付けられている」と述べました。この表現は「企業は、障害者が求める配慮にはすべて対応しなければいけない」という意味ではありません。一般雇用で、求職者の能力や知識で採用の可否が決まるのと同様、障害者雇用でも、企業と求職者のニーズがマッチしているかどうかで採用の可否が決まります。そして、その最重要項目が、前述の2点というわけです。

つまり、障害者雇用の面接において、自分の障害特性と企業に求めたい配慮の2点は、まず間違いなく質問されますので、絶対に回答を準備して面接に臨んでください。この質問に回答できないということは、企業が自社にマッチしているか判断できないので、不採用になります。

また、これは採用を勝ち取るためだけに言っているわけではありません。私のこれまでの支援経験から、多くの発達障害者にとって、自分のことをしっかり理解してくれる企業で働くことは、安定就労するために不可欠だと思っています。

実は、このメッセージが、私が本書を通して一番伝えたいことです。第2～4章の内容は、そのためのヒントにしてほしいのです。

われわれが運営する施設（就労移行支援）では、利用者が就職活動をする際に、これらの情報を資料にまとめて、企業に提出します。施設を利用していない場合は、自分でまとめても良いです。

障害者雇用の面接質問対策

❶ 障害名と症状や特徴を教えてください。

前述の通り最重要質問の1つです。通院の頻度や服用している薬の種類や効果、服用のタイミングなどまで質問される可能性があります。

❷ 企業にどのような配慮を求めますか？

こちらも前述の通り、最重要質問の1つです。❶とセットで聞かれることが多いでしょう。求める配慮に加え、自身で行なっている対処法を交えて話すとより好印象です。

❸ 障害が発症した理由を教えてください。

うつ病など後天的に発症する二次障害を持っている場合は、質問される可能性があります。

職場のストレスが原因で発症した場合は、企業は再発の心配をします。同様の環境は避けて仕事がしたいのか、対処法が見つかったのかなどの説明もできるようにしましょう。たとえば、「顧客からのクレームが原因で発症したので、接客の仕事は避けたい」などです。

❹ 自己紹介をお願いします。

これまでの職歴（学歴）を簡単にまとめて伝えましょう。自分のアピールポイントなども添えて話せるとより良いです。30秒程度でまとめましょう。

❺ 長所と短所を教えてください。

「長所は○○です」だけではなく、可能な限り過去の具体的なエピソードを交えて話しましょう。

短所も、この質問をしている時点で、人間だれしも短所があることが前提です。隠す必要はなく、自分の短所に加え、その短所に改善意識を持って取り組んでいることを添えて回答しましょう。

❻ 退職理由を教えてください。

退職理由と障害の発症理由が重なるケースも多いでしょう。職場のせいだったと伝えたい気持ちはわかりますが、会社が一方的に悪いという表現は、企業にとって好印象ではありません。「自分にも非があったが、理解が得られなかった」というような謙虚な表現に留めましょう。

❼ 休日はどのようにすごしていますか?

気分転換やストレスの対処法を持っているかどうかの質問です。趣味の内容などは、何でもかまいませんが、楽しく休日をすごせているという趣旨の回答が良いでしょう。

また、同時に趣味の話題は、その人の性格や人柄が出やすいです。趣味を通し、自己ＰＲも伝えられるとなお良いです。

❽一番大変だったことは何ですか？

単なる苦労話が聞きたいわけではありません。苦労したことに加えて、工夫したこと、学んだこと、改善できたことなど、自己ＰＲになることを添えて回答しましょう。

❾なぜ弊社に応募されたのですか？

企業研究をしっかり行ない、可能な限り、その企業オリジナルの回答を準備しましょう。たとえば「事務の仕事が希望だからです」という回答は、「事務であれば、どこでもよいのかな」と感じられます。また「給料が高いからです」など、待遇面だけを志望動機として回答するのも良くありません。

❿いつから働けますか？

「いつから働けますか？」「いつから実習に来られますか？」「残業はできますか？」「週何日働けますか？」「内定を出したら入社してくれますか？」など、入社日や労働条件、入社の意思などの質問も問われやすいです。焦らないよう、事前に考えておきましょう。

COLUMN

障害者雇用の応募書類の書き方

障害者雇用の場合も一般雇用の応募書類と大きな違いはなく、履歴書や職務経歴書が求められます。一般雇用同様、志望動機や自己PRを記載しますが、唯一違いがあるとすると、自身の障害について記載することです（必須というわけではありません）。

われわれが就労支援する際は、その方の障害特性や配慮事項、体調などに関する第三者評価を会社に提出し、就職する前に可能な限り、理解してもらえるよう努めています。自分で書く場合は、次の項目を記載しましょう。簡単ですが記載例も参考にしてください。

❶ 障害や病気の名称

（例）ADHD　うつ病

❷ 障害者手帳の種類と等級

（例）精神障害者保健福祉手帳　3級

❸ 通院や服薬の状況

（例）通院は1カ月に1回平日午前。服薬は朝昼夕。

❹ 障害や病気の現状

（例）体調は安定しており、通常勤務にあたっての配慮は必要ありません。疲労が溜まると体調を崩す可能性があるため長時間勤務は避けるよう主治医から言われており、残業は1日1時間程度に抑えたいです。

❺ 必要な配慮事項

（例）1カ月に1度の通院が平日午前のため、通院時は午前半休をいただきたく思います。また、マルチタスクが苦手なため、業務の指示はできるだけ1つずつ出していただけると助かります。

障害者雇用の応募書類は、以下のリンクからダウンロードできます。

https://www.connect-syurou.com/?book01

第6章

「もしかして自分は発達障害？グレーゾーン？」と思ったらやること

「もしかして自分は発達障害？」と感じたら

診断はどこで受ける？

「もしかして自分は発達障害かも？」と感じたときは、精神科や心療内科を受診することになります。ただし、すべての精神科や心療内科で大人の発達障害の診察を受け付けているわけではないので、事前にホームページや電話などで確認しましょう。

どのクリニックを受診してよいかわからない場合は、まず地域の発達障害支援センターに相談するのもよいでしょう（↓Ｐ１７７参照）。

診断はどのように行なわれる？

大人の発達障害の診断は、「ＤＳＭ-５」という診断マニュアルの基準をもとに、診察と検査の結果から、医師により総合的に判断されます。

◯診察

まずは、医師により問診が行なわれます。次のようなことを聞かれますので、事前に情報を整理しておくとよいでしょう。

・成育歴

乳幼児期の様子や学校生活、家族関係など成長の過程でどのような出来事やトラブルがあったかについて尋ねられます。

・生活歴

大人になってからの生活や仕事で困っていることや悩みについて尋ねられます。

・現病歴／既往歴

今現在、うつ症状や不眠などの症状が見られないか、また今までにかかった精神疾患などの病気について尋ねられます。

◯検査

発達障害の検査方法は複数ありますが、成人の検査では、「WAIS（ウェクスラー成人知能検査：ウェイス）」が一般的に使われます。WAISでは、全体的な認知能力を表す全検査IQのほか、言語理解、知覚推理、ワーキングメモリ、処理速度を測ることができます。発達障害は、これらの数値が一律に低い障害ではなく、数値のバラつきが大きい（得意・不得意の差が大きい）障害です。発達障害のことを凸凹と表現することが多い所以《ゆえん》です。検査結果をフィードバックしてもらうことで、自分の障害特性や得意・不得意がわかるので、仕事にも活かしやすいです。

発達障害の治療

発達障害は、根本的に治療することはできませんが、症状を緩和させるためのさまざまな対策が実施されています。

○薬物療法

ＡＤＨＤの症状を緩和させる薬が処方されています。具体的には、コンサータ、ストラテラ、インチュニブといった薬があり、作用や効果の持続時間などが異なります。生活スタイルや副作用、薬の相性などを考慮して処方されます。

実際、服薬することで症状が改善されたという話はよく耳にします。服薬を検討したい人は、主治医に相談しましょう。

○心理教育

心理教育とは、本人や家族などが、障害について正しい知識を身に付け、自己理解を深めたり、障害を受容したりするためのプログラムです。本人や周りが正しい知識を身に付け、対処することで、生きづらさの軽減につながります。

○SST（ソーシャルスキルトレーニング）

ＳＳＴとは、他者と良好な人間関係を築き、うまく社会の中に適応する方法を身に付けるための技法を学ぶトレーニングです。

ディスカッションやロールプレイを通して、相手の気持ちを考えながら、自分の気持ちを相手に伝える練習をしたり、その時どきの場面での適切な対応方法を学んだりします。

精神科デイケアや就労移行支援などで実施されています。

○認知行動療法

認知とは、物事の捉え方のことです。「コップに水が半分しかない」と捉えるか「半分もある」と捉えるかによって、ストレスの感じ方も変わります。発達障害の人は、自分の物事の捉え方が、自分自身を苦しめていることが少なくありません。

たとえば、完璧主義思考などが該当します。完璧主義であることは、決して悪いことではありませんが、その思考のクセが自分を苦しめているなら、少し考え方を変え、生きづらさを軽減しようというのが認知行動療法です。

主に医師やカウンセラーと面談などを重ねる中で、少しずつ認知を修正していきます。

発達障害のグレーゾーンって何？

グレーゾーンって何？

発達障害のグレーゾーンとは、発達障害と定型発達の人の間、つまり「発達障害の傾向のある人」を指して使われる言葉です。

発達障害の傾向はあっても、発達障害の診断基準を満たさないと、確定診断はつきません。発達障害の傾向があり、生活や仕事に支障をきたしたり、生きづらさを感じていても、確定診断がつかないため、障害者雇用で働けなかったり、配慮をもらったりできず、発達障害の人以上に悩みを抱えている人もいます。

障害者手帳の取得は？

発達障害は、精神障害者保健福祉手帳の取得対象ですが、グレーゾーンの人は対象外です。前述の通り、障害者雇用は障害者手帳の所持者が対象となる雇用のため、障害者雇用で働くこともできません。

診断を受けるコツ

どうしても発達障害の診断を受けたい（手帳を取得して障害者雇用で働きたい）という場合は、次の点を注意して受診しましょう。

○生活や仕事での支障を医師に伝える

診断は「生活や仕事に支障があるかどうか」が重視されます。そのため、現在の困りごとや悩みをしっかりと伝えられる準備をしましょう。基本的に、生活や仕事に支障がなければ診断されません（実際、支障がないなら診断を受ける必要はありません）。

○子どもの頃の情報を集めておく

診断基準には「子どもの頃から発達障害の特徴が確認できる」という内容があります。

大人になってから受診する場合、子どもの頃の記憶が薄れており、しっかりと説明ができないため、この基準を満たせず、診断されないケースが少なくありません。

事前に、両親など、自分が子どもだった頃を知っている人から情報を集めておきましょう。そのほか、母子手帳や通知表など子どもの頃の資料が残っていれば持参しましょう。可能であれば、両親など子どもの頃を知る人に同行してもらいましょう。

○別の医療機関を受診する

診断基準があるとはいえ、発達障害の診断基準は抽象的で、医師の判断次第です。当然、すべての医師の診断基準を統一することはできないので、ある病院では診断がつかなくても、別の病院だと診断がつくこともあります。診断がつかず、納得できないという場合は、別のクリニックなどの受診を検討しましょう。

支援は受けられる？

グレーゾーンでも受けられる可能性のある支援はあります。以下を参考にしてください。

○発達障害者支援センター

発達障害者支援センターは、発達障害の人やその家族の生活や仕事の相談を受けてくれる機関です。発達障害の診断を受ける前でも相談可能で、医療機関や支援機関の紹介もしてくれます。「自分は発達障害かも？」と感じたら、最初に相談する機関として適しています。各都道府県に最低1カ所は設置されています。

全国の発達障害支援センターの一覧のリンクを177ページに掲載していますので、参考にしてください。

そのほか、以下の支援機関も利用できる可能性があります。各機関の詳細は、138〜144ページを参照してください。

・地域障害者職業センター
・就労移行支援
・障害者就業／生活支援センター

どんな働き方がある？

前述の通り、グレーゾーンの場合、障害者雇用で働くことはできません。でも「何の配慮もなく働くのは難しい」と感じている人には、一般雇用×オープン就労をおすすめします（詳細は131ページ）。この働き方は、障害の有無に関係なく応募できる一般雇用で、自身の障害を開示して働く方法です。障害者雇用ほどの配慮を受けることは難しいかもしれませんが、開示することで一定の理解と配慮が得られる可能性があります。どこまで対応してくれるかは、会社次第ではありますが、「診断はつかなかったが、傾向は見受けられる（グレーゾーンだった）」ということを伝え、必要な配慮をお願いしてみましょう。

第7章

インタビュー
就労移行支援を受けて就職した人たち

こねくと卒業生インタビュー①

A・Yさん、40代男性　ADHD

――ご自身の障害や病気に気づいたきっかけ、発症の原因は何ですか？

ＡＤＨＤの診断を受けたのは37歳の頃でした。当時活動していたバンドでの人間関係がうまくいきませんでした。今思うと相手にも問題があると感じますが、当時は自分が気をつかえないせいで、相手を怒らせていると感じていました。好きなバンド活動が原因で、気分もひどく落ち込んでいる状況でした。

仕事でもうまくいかないことが多く、うすうす「発達障害かな？」と思っていたこともあり、検査を受けた結果、診断がおりました。

――これまで仕事ではどのような困りごとや悩みがありましたか？

不動産管理のお仕事で、マンションの設備点検や苦情対応、家賃未払いの住人への督促などが仕事内容でした。マルチタスクかつコミュニケーション能力も求められる仕事だったため苦労しましたが、何とか続けられていました。

最も悩んでいたのは、空気が読めないことです。たとえば、上司がとてもピリピリしているときに、元気いっぱいの挨拶をして、「今そういう空気ではないだろう！」と怒られました。雰囲気で、挨拶のトーンを変えるのは最後まで理解できませんでした。

――就労支援を利用して良かったことは何ですか？

不動産管理の仕事はクローズ（一般雇用）だったので、次は障害者雇用で働こうと就職活動を始めました。しかし、10社以上不採用になってしまい、「1人では無理だ」と感じたので、就労移行支援を利用することにしました。

「支援員がついている人」というだけで、企業が安心して対応してくれるのを感じた点は、大きかったですね。

それ以外にも「どんな作業が苦手なのか」「どんな環境だと集中できないのか」など、自分の障害特性を把握できました。そのおかげで、他者にアピールできるようになったので、ずいぶん生きやすくなりました。

居場所があるということも精神的に大きかったです。

——なぜ、今の職種を選びましたか？

今は、障害者雇用で銀行のコールセンターのオペレーターの仕事をしています。

仕事内容は「大変そうだな」と思ったのですが、それよりも人事担当の方たちがとても親切で、丁寧に説明してくれ、その人柄や職場の雰囲気を優先して働きたいと思いました。

——どのような選考過程でしたか？

合同面接会で見つけた会社で、職場実習とトライアル雇用を経て、本採用となりました。

コールセンターというと、臨機応変な対応が求められるイメージで、不安な気持ちもありましたが、マニュアルやスクリプトが徹底的に作られていて、職場実習の際に「これならできる」と感じられたことが決め手になりました。

——今の会社にはどのような配慮をもらっていますか？

毎日の日報で体調や出来事を報告し、丁寧にコメントを返してくれます。最近は頻度はずいぶん減りましたが、最初の頃は毎日のように面談をしてくれました。体調が悪いときは、休憩の配慮をもらったり、業務に困っているときは、対応音声を一緒に聞いてもらい、具体的な解決策をアドバイスしてくれたりします。

——自分ではどのような工夫をしていますか？

1つは早めに出勤して、アップデートされた情報を事前に確認しています。たとえば、引落し手数料が変更されたなど、オペレーションの変更は頻繁に起こります。朝礼でも確認されるのですが、それよりも早く事前に予習をすることで、落ち着いて取り組めます。

2つ目は、疲労に気づきにくいので、作業時間で自分の疲労度を判断するようにしました。過集中になると、とても集中できるのですが、その集中は長くは続きません。絶好調でも、時間で区切って休憩をします。

対応の記録が思うようにはかどらないときも、疲れているサインだと判断しています。水を飲むなど小休憩をとって、再び集中できるようにしています。

――発達障害で生きづらさを感じている読者にメッセージをお願いします。

まず「完璧でなくてよい」ということです。以前は、完璧主義が強く、高いクオリティを求めたり、自分へのノルマを厳しく設定したりしていました。でもある日、意外といい加減なときのほうが、パフォーマンスが高いことに気がつきました（笑）。そのときに「完璧でなくてよい。少しでもできたらすごい」と考え方を変えることができました。

また「絶対にこれだけは完璧にこなしたい」というときは、事前準備を前もって行ないます。自分で逆算して計画を立てるのですが、まずその通りにはいきません（笑）。ですから、自分が立てた計画より、さらに多くの時間を見積もって、前もって進めていきます。そうしたことで、抜くところは抜いて、完璧にしたいところは完璧にしてということができるようになりました。

あとは、どこかに遊びの要素を入れることです。楽しければ続くので。自分はそうすることで、とても楽になりました。

こねくと卒業生インタビュー②

M・Dさん、40代男性　ADHD　ASD　うつ病

――ご自身の障害や病気に気づいたきっかけ、発症の原因は何ですか？

診断を受けたのは34歳のときでした。仕事がうまくいかず、上司から毎日のように怒られていました。働きはじめてから2～3カ月後のある日、上司から「発達障害かもしれないよ。受診してみては」と言われ、クリニックに行ったところ診断がつきました。精神的なしんどさも感じていた頃で、同時にうつ病の診断もつきました。

――これまで仕事ではどのような困りごとや悩みがありましたか？

配送業者の倉庫の仕分け作業の仕事を行なっていました。ベルトコンベアで流れてくる物を配達場所などによって、置き場所を変えるという業務でした。物が流れてくるスピードが速くて、作業が追いつかず、間

違った場所に置く、間違った物を取るなどミスが多発しました。「急いで仕事しろ」と怒られ、焦りのせいで、よけいにミスが増えるという悪循環に陥りました。

――就労支援を利用して良かったことは何ですか？

「おまえがちゃんとしていないからや！」と言われつづけてきたので、支援者という自分のことを理解してくれる人ができたことが、精神的に大きかったです。

自己理解を深めたいという理由で、就労支援を利用しはじめましたが、自分の障害特性をしっかり知れたことも良かったです。具体的には、集団業務になるとミスが多発することがわかりました。過去の経験から「周りに迷惑をかけてはいけない。急がなければ」という過剰なプレッシャーが原因でした。焦る気持ちは今でもありますが、何とか落ち着いて作業する術を身に付けました。

――就労支援のほか、支援やサポートを受けて良かったことや助かったことはありますか？

カウンセラーの先生が、自己否定しがちな自分を長年かけて徐々に変えてくれたことです。就労支援を紹介してくれたのもカウンセラーの先生です。

――なぜ、今の職種を選びましたか？

障害者雇用で、事務の仕事をしています。FPや簿記の資格を持っているので、自分のスキルを活かせる仕事だったことが選んだ理由です。

――どのような選考過程でしたか？

今の会社は、合同面接会で見つけました。面接や実習を経て採用となりました。今の会社で働こうと思った理由は、職場の雰囲気がとても良かったからです。実習で緊張していたこともあり、何度も同じ質問をする自分を、嫌な顔ひとつせず受け入れてもらえたおかげで、焦らずに済みました。指導役の人がついてくれ、休憩時間も昼食を一緒に食べるなど、リラックスさせてくれました。

――今の会社にはどのような配慮をもらっていますか？

「焦りやすい」という自分の特徴に非常に丁寧に対応してもらっています。他部署の人とかかわりがあったとき「配慮してもらえているな」と感じました。自分が働いている部署だけでなく、他部署にも情報を共有してくれているという事実に感動しました。

面談も定期的に行なってもらえます。仕事で困っていること、人間関係で困っていることなど、直属の上司や専門のスタッフが話を聞いてくれます。手厚くフォローしてくれているので、結果的に面談をお願いする頻度は少なく済んでいます。

――発達障害で生きづらさを感じている読者にメッセージをお願いします。

私は、自分を知ることが一番大事だと思っています。入社式の社長挨拶でも「自分のことを理解し、それを他者に伝えられる人材だから採用した」という言葉がありました。まず、自分が自分のことを理解することで、相手が自分を理解しようとしてくれます。だから、自分も相手を理解しようと思えます。そういう風潮が、お互いの障害特性を理解しようと話し合う職場、助け合う職場を作っていると感じています。

もう1つは、将来のビジョンを考えることです。就労支援を利用しているとき、プログラムの一環で、将来について考えることがありました。漠然とではありますが、就職後のキャリアアップをイメージしました。今、まさにその通りにキャリアアップしています。新しい責任ある仕事もまかせてもらえるようになり、働くことの楽しみや喜びを感じています。

こねくと卒業生インタビュー③

C・Kさん、30代女性 ASD

――ご自身の障害や病気に気づいたきっかけ、発症の原因は何ですか?

当時、薬局の調剤事務の仕事をしていました。受付やレジなどの接客、薬のピッキングなどが業務内容でした。小児科の近くの薬局ということもあり、とても迅速な作業が求められる職場でしたが、周りの速度についていけず、上司から受診を進められました。インターネットの簡易診断をしたところ、当てはまる項目が多く、受診したところASDと診断されました。29歳頃でした。

――これまで仕事ではどのような困りごとや悩みがありましたか？

曖昧な言葉がわかりづらく困りました。「だいたい」「いつも通り」といった表現です。聞き返しても、快く返答してくれる人だと問題ないのですが、「何でそんなこと聞くの？」「なぜわからないの？」と言われると精神的にもつらかったです。

――就労支援を利用して良かったことは何ですか？

自分自身に向き合えたことだと思います。自分の障害はどういった特徴があり、何が得意で何が苦手なのかを理解できていませんでした。いろいろなプログラムに参加することで、見定められました。障害特性だけでなく、性格など内面的な部分も自己分析できたことも良かったです。

生活リズムが整ったことも良かったです。決まった時間に起きて、行く場所があり、いろいろな人と会話するということは、離職期間に1人でいると実現するのが難しいです。就労支援に通っていなければ、引きこもりがちになっていたかもしれません。

また、就労支援を利用するほかの利用者と会話することで「悩んでいるのは自分だけではないんだ」と思えて、少し楽になりました。ほかの人のいろいろな話を聞かせてもらえたのも良かったです。

――就労支援のほか、支援やサポートを受けて良かったことや助かったことはありますか？

ハローワークの担当者に非常にお世話になりました。障害者雇用専用の窓口があることも初めて知りました。障害者雇用の窓口だと、担当がつき、常に状況を把握してくれているので、やりやすかったです。私の担当の方が特別手厚かったのかもしれませんが、就職後も職場を見に来てくれるなど、とてもありがたかったです。

――今のお仕事の職種や雇用形態を教えてください。

障害者雇用で保険関係の事務の仕事をしています。

一般雇用にせよ、障害者雇用にせよ、オープン（障害を開示して働く）にしようと決めていました。生きづらさ、働きづらさを感じずに働くことが大切だと思っていたからです。クローズ（障害を開示せずに働く）がダメということはないですが、自分にとっては正しい選択だったと感じています。

自分の障害を打ち明けることで「ごめんなさい」と言われる会社は、不採用でよいと思っていました。また、面接の際は、こちらの障害を説明したときの面接官の反応を見ていました。悪気はないと思いますが、表情が曇る人もいます。そういう場合は、内定をもらっても断りました。一生懸命サポートしてくれた支援員の方には申し訳ないですが（笑）。

――なぜ今の会社を選びましたか？

当時、コロナ禍の真っ只中ということもあり、ユーチューブを利用したオンライン合同説明会のチラシを見つけ、参加することにしました。

職場実習にも参加しました。働いている人たちの雰囲気の良さや向上心の高さに魅力を感じました。皆さん、イヤイヤ仕事をしているのではなく、やりがいを感じて、楽しそうに仕事をしていました。自分もそう感じられる職場で働きたいと思ったのが決め手です。

ほかにも内定が出て、もっと早く働きはじめられる会社もありましたが断りました。もちろん、お金にも困っていましたし、早く就職したかったです。でも、今まで就職活動をいい加減にして、本当に働きたいと思えていない会社に勤め、長続きしませんでした。だから、今回は自分が働きたいと感じられている今の会社で内定をもらうことに賭けました。

――今の会社にはどのような配慮をもらっていますか？

さまざまな配慮をもらっています。まず、曖昧な指示がわかりづらいので、わからないときはわかるまで質問させてもらっています。

光や音の感覚過敏があるので、耳栓やブラインドを閉めるなどの環境調整や、気圧に弱く体調不良のときは席を外すなどの配慮ももらっています。働きはじめてから追加でお願いした配慮もありますが、対応してくれるので働きやすいです。

――発達障害で生きづらさを感じている読者にメッセージをお願いします。

「自分なんて何もできない」と感じている人もいると思います。でも何もできないということはありません。自分ができることとできないことを理解して、他者に発信することが大切です。もちろん、こちらも歩み寄る努力は必要ですが、理解してもらえないのは相性が悪いだけ。理解してもらえないことが続くと、一歩踏み出す勇気がなくなるときもあると思います。でも、理解してくれる人は必ずいます。そういう人を見つけることをあきらめないでほしいと思います。

こねくと卒業生インタビュー④

S・Gさん、30代男性　ADHD

――ご自身の障害や病気に気づいたきっかけ、発症の原因は何ですか？

30代前半、鉄道車両の製造業で働いていました。周りの人と比べ、うまくいかないことが多く悩んでいました。ある日、インターネットのセルフチェックをしたところ、当てはまることが多く、クリニックを受診したところ、ADHDと診断されました。

――これまで仕事ではどのような困りごとや悩みがありましたか？

納期を守らないと取引先に迷惑がかかる仕事だったのですが、自分にとっては仕事量が多すぎて、予定が崩れる一方で、納期に間に合わないことがよく起こりました。いわゆるライン作業だったため、自分が遅れると次の人も遅れてしまい、迷惑をかけました。

――就労支援を利用して良かったことは何ですか？

自分では気づかなかったことに、スタッフやほかの利用者を通して気づくことが多かったです。自分と同じような特徴を持った人、まったく別の障害の人、さまざまな人がいて、人のタイプによって接し方を変えるなど、周囲への気配りが身に付いたように思います。

メモを取ることも苦手でした。今でも苦手ではあるのですが、プログラムを通し、意識して何かあればメモを取る習慣を身に付けることで、何とかメモを取れるようになりました。

——就労支援のほか、支援やサポートを受けて良かったことや助かったことはありますか？

一番助かっているのは障害年金です。給料はとても良いというわけではないので、障害年金と合算することで安定した収入を得られています。申請は最初自分でやろうとしていたのですが、難しかったので、社労士にお願いして通りました。

——今のお仕事の職種や雇用形態を教えてください。

障害者雇用で、配送のルート営業の仕事を行なっています。取引先の企業様に自社の商品を納品したり、新しい商品を提案したりします。多いと1日に15社程度訪問します。重い物を持って、上層階に行かないといけないこともある力仕事です。

——なぜ、今の職種や会社を選びましたか？

前職もルート営業だったので、経験が活かせると思ったからです。車を運転するのも好きですし、お客様と会話するのも嫌いではないので、仕事内容は気に入っていたのですが、勤務時間が非常に長く続けられそうになかったので退社しました。ですから、月～金の週5日勤務で、残業もほとんどない働きやすい条件だったことも魅力的でした。

——今の会社にはどのような配慮をもらっていますか？

人よりも作業に時間がかかるので、訪問件数の目標を少なくしてもらっています。

また「何かあればいつでも声をかけて」と気にかけてもらっています。一度、目標の訪問件数が達成できずに、注意を受けたことがありました。会社に行きづらくなり、無断欠勤をしてしまったのですが、エリアマネージャーが家の近くの喫茶店まで来て、話を聞いてくれました。「しんどさに気づかなくてごめんね」と歩み寄ってくれ、自分の思いを伝えられました。そのおかげで、復帰することができ、安心して仕事ができています。

——自分ではどのような工夫をしていますか？

スピード勝負の仕事なので「午前中は、この会社まで訪問しよう」など、スケジュール管理を意識しています。スケジュール管理は得意ではないですし、その通りにいかないことも多いです。でも、やらなければ、よけいにうまくいかないので、必ずスケジュールを組んで出発します。完璧でなくても、考えておくことが大事だと思います。

また、車の中の商品の配置もルールを決めることで、取り出しも早くなりますし、整理整頓にもつながります。また、会社の看板を掲げて街中を走っているわけですから、汚い車内を見られ、会社の印象が悪くならないよう気をつけています。

——発達障害で生きづらさを感じている読者にメッセージをお願いします。

私は、仕事もプライベートも溜め込みすぎて、キャパオーバーになり、感情が爆発するという失敗を繰り返してきました。今は、仕事なら上司に相談することで、溜め込まずにいられます。何ごとも溜め込まずに、周りの人に相談してほしいと思います。自分では相談できる人がいないと思っていても、意外と身近にいることが多いです。

こねくと卒業生インタビュー⑤

H・Sさん、20代　男性　ASD

——ご自身の障害や病気に気づいたきっかけ、発症の原因は何ですか？

中学3年生頃、広汎性発達障害（ASDの以前の診断名）と診断されました。自分の考えがうまく伝えられないなど、コミュニケーションに問題を感じていました。自分自身は深刻には捉えていませんでしたが、母のすすめで受診したところ、診断されました。

——これまで仕事ではどのような困りごとや悩みがありましたか？

大学を卒業して、すぐに就労支援を利用したので、今の仕事以前に社会人経験はありません。在学中就職活動をしましたが、うまくいかなかったので、利用することにしました。

——就労支援を利用して良かったことは何ですか？

就労支援を利用する前に比べ、コミュニケーションが断然とりやすくなったと感じています。プログラムに参加することで、少しずつ自分の考えを伝えられるようになりました。スタッフやほかの利用者の話し方を見て学ぶこともできました。

―就労支援のほか、支援やサポートを受けて良かったことや助かったことはありますか？

カウンセリングでも、コミュニケーションをスムーズにするために、アドバイスをもらいました。先生がしっかりと向き合ってくれ、無理に聞き出そうとするのではなく、自然と話せる雰囲気を作ってくれるので話しやすくなりました。先生以外の人との会話もスムーズになったと思います。

―今のお仕事の職種や雇用形態を教えてください。

障害者雇用で、医療機材を製造する会社の倉庫業務をしています。大型の機材を自社の倉庫から製造ラインに運ぶ仕事です。２人で運んだり、運搬用のロボットに乗せて運んだりします。

―なぜ、今の職種を選びましたか？

大学で医療福祉工学の勉強をしていました。在学時、大学に企業ＰＲに来られていたので、会社の存在は認識していました。偶然にも私が利用した就労支援施設ともかかわりの深い会社だったようで、スタッフの紹介で見学させてもらうことになりました。自分が勉強していた分野を扱っている会社で働けることに魅力を感じました。

―どのような選考過程でしたか？

まず、スタッフと一緒に見学に行きました。倉庫と組立ラインの業務の様子を見せてもらいました。その流れで、面接までさせてもらうことになり、気がつくと採用になっていました（笑）。

―今の会社にはどのような配慮をもらっていますか？

口頭指示が理解しづらいときがあります。覚え切れないような作業のときは、作業内容を簡潔にまとめたマニュアルを作ってもらっています。

——自分ではどのような工夫をしていますか？

複数の仕事が発生するとキャパオーバーになり、パニックになるときがあります。そのようなときは、飲み物休憩を取って、頭の中をリセットしています。また、仕事の順番を自分の中で決め、ルーティン化しました。前任者のやり方を真似て、自分なりにアレンジをして、作業しやすいように工夫しています。

——発達障害で生きづらさを感じている読者にメッセージをお願いします。

自分のことを「何とかしてあげたい」と思ってくれている人の協力を遠慮せずに受けることが大切だと思います。私にとっては、それは就労支援のスタッフであり、カウンセラーの先生でした。自分だけで悩まず、助けてもらえるだけ助けてもらえば良いと思っています。

おわりに

最後まで、お読みいただきありがとうございました。そして、お疲れ様でした。

本書を執筆するにあたり、どのような構成にするか非常に悩みました。あれこれ考えていたのですが、発達障害の方をたくさん診察してきた精神科医の先生でもなく、発達障害がありながら成功を収めた当事者でもなく、発達障害の人の就労支援のプロとして発信すべきメッセージは何だろうという原点に立ち返ったとき、1つの答えが見えました。それは「人に頼ったっていいんだよ」というメッセージです。

就労支援の最初の相談のとき「誰にも相談できず、ずっと1人で悩んでいました」とおっしゃる方が非常に多いのです。人間関係を気にしすぎて遠慮して相談できない人、真面目で1人で完璧にこなさなければという意識が強い人、理解してもらえず頼ることをあきらめた人など、考えはさまざまでした。

そして、就労支援を利用することで、相談者ができ、理解者ができることで、物理的な仕事面の課題の解決だけでなく、精神的にも楽になり、社会に出て、生き生きと活躍されている方がたくさんいます。

もちろん、自分自身の努力や工夫で課題を乗り越えていくことも大切です。自分に合った職種を見つけることも大切です。本書でもそのような内容を記しました。そして、さらに私だから書けることとして、職場の上司や同僚に頼る方法や困ったときに頼れる支援機関などの情報を多く入れることで「頼ったっていい」というメッセージを発信したつもりです。

仕事は、自分の人生を充実した豊かなものにするための1つの手段でしかありません。ですが、大人になると人生における仕事をしている時間が長いので、仕事が充実していないと人生も充実していないように感じます。人生を豊かにするための手段のはずの仕事が、人生をつらいものにしてしまうのは悲しいことです。

本書が、仕事を充実させるためのきっかけになれば、これほどうれしいことはありません。それと同時に、もし1人で解決するのが難しいなら周りの人に頼ることを考えてみてください。支援機関を利用するのもよいでしょう。この本を持って上司に相談に行くのもよいでしょう。

あなたを理解し、支えてくれる人は必ずいます。

最後に、いつも私を支えてくれるすべてのスタッフ、特に開業からこれまで、私と一緒に就労支援施設としての在り方を考えつづけてくれた猪原晃一郎氏に、心から感謝の気持ちを捧げます。彼との切磋琢磨、試行錯誤の日々がなければ、今日の施設、そして本書も存在しなかったでしょう。

令和5年4月　就労移行支援事業所ＣＯＮＮＥＣＴ代表　土野　陵

支援機関&サービス　リンク集

この本で紹介した、発達障害のある方が利用できる支援機関やサービスの一覧を掲載します。自分のお住まいの地域の機関にお問い合わせください。

- ハローワーク一覧
  https://www.mhlw.go.jp/stf/seisakunitsuite/bunya/koyou_roudou/koyou/hellowork.html

---

- 地域障害者職業センター一覧
  https://www.jeed.go.jp/location/chiiki/

- 障害者就業・生活支援センター一覧
  https://www.mhlw.go.jp/stf/newpage_18012.html

- ハロートレーニング(障害者訓練)一覧
  https://www.mhlw.go.jp/stf/seisakunitsuite/bunya/koyou_roudou/jinzaikaihatsu/shougaisha.html

---

- 発達障害者支援センター一覧
  http://www.rehab.go.jp/ddis/action/center/

- LITALICO仕事ナビ
  https://snabi.jp/

- WAM NET
  https://www.wam.go.jp/content/wamnet/pcpub/top/

- dodaチャレンジ
  https://doda.jp/challenge/

- atGP
  https://www.atgp.jp/

【著者】
土野 陵 （つちの りょう）

株式会社mooble取締役／就労移行支援事業所CONNECT代表
2017年、発達障害の方の就職支援に特化した就労移行支援事業所CONNECTを設立。2023年4月現在、8事業所を構える。大学受験専門予備校の経営経験を活かし、発達障害の方の就職や職場定着の課題を解決するためのプログラムを自ら提案。自身も支援の場に身を置き、数百名の就職支援に携わる。事業所の職場定着率は87%を誇る。また、仕事の悩みを抱える発達障害の方に向けたYouTubeチャンネルに自ら出演し情報発信を行なう。支援者だからこそ発信できるコンテンツが人気を博している（2023年4月現在、チャンネル登録約3万人）。そのほか、就労移行支援事業のコンサルティングや、医療機関・支援機関・当事者向けの講演会を手がけるなど、多方面に活動を展開している。
CONNECT　https://www.connect-syurou.com/
YouTubeチャンネル「【働く発達障害の方を応援】こねくとチャンネル」
https://www.youtube.com/@connect_ch
Twitter　https://twitter.com/CONNECTsyurou

【監修者】
益田裕介 （ますだ ゆうすけ）

早稲田メンタルクリニック院長
精神保健指定医、精神科専門医・指導医
岡山県出身、防衛医大卒。
2019年12月14日よりYouTubeチャンネル「精神科医が心の病気を解説するCh」を配信開始。日々、精神疾患や治療法、カウンセリング技法などの解説を行なっている。チャンネル登録者数は40万人を超え、1日の再生回数は平均20万回以上（2023年4月時点）。また、患者さん同士がオンライン上で会話をしたり、相談ができるオンライン自助会を2022年3月24日より主催・運営するほか、精神科領域のYouTuberを集めた勉強会なども運営している。著書に『精神科医がやっている聞き方・話し方』（小社）などがある。

発達障害の人が「働きやすさ」を手に入れる本

2023年6月24日　初版発行
2024年5月 9 日　2刷発行

著者　土野 陵
監修者　益田裕介

発行者　太田 宏
発行所　フォレスト出版株式会社
〒162-0824　東京都新宿区揚場町2-18　白宝ビル7F
TEL　03-5229-5750（営業）
03-5229-5757（編集）
URL　http://www.forestpub.co.jp

印刷・製本　日経印刷株式会社

ISBN978-4-86680-232-9　Printed in Japan

『発達障害の人が「働きやすさ」を手に入れる本』購入者特典

特典1：44番目の「困りごと」の解決法

特典2：自己肯定感を高めるリフレーミングワークシート

著者・土野 陵さんより

購入者特典として「**特典1　44番目の『困りごと』の解決法**」と「**特典2　自己肯定感を高めるフレーミングワークシート**」を用意いたしました（ともにPDFファイル）。「特典1」は、発達障害の方の多くが抱えている自己肯定感に関する「困りごと」の解決法をわかりやすく解説します。また、「特典2」のワークシートは、自分のネガティブな部分をポジティブに捉え直し書き込むことで、自己肯定感を高めることができます。ぜひご活用ください。

特別プレゼントはこちらから無料ダウンロードできます ⬇

https://frstp.jp/hattatsu

※特別プレゼントはWeb上で公開するものであり、小冊子・DVDなどをお送りするものではありません。

※上記無料プレゼントのご提供は予告なく終了となる場合がございます。あらかじめご了承ください。